平凡社新書
873

水滸伝に学ぶ組織のオキテ

稲田和浩
INADA KAZUHIRO

HEIBONSHA

水滸伝に学ぶ組織のオキテ●目次

第五章 梁山泊帰順、国家の敵と戦う——大きな組織内での人事のあり方を考える……233

表記について

◉読み仮名

人名、地名の読み仮名は日本読みで、平凡社／駒田信二訳によります。現代の新聞、雑誌などでは、宋江を「スンクゥ」と中国読みにするのが一般的になっていますが、「ソウコウ」と読んだほうがなじみがあると思われるので、本書では日本読みで「ソウコウ」とします。

◉官名、役職など

「水滸伝」では、役人や軍人など、官位、官名、役職などが出てきます。太尉、統制、都頭、押司、提轄など、なんとなく意味がわかりそうですが、本当のところはよくわからないものが多いと思います。「太尉」は高俅《こうきゅう》が出世して就任する役職で、かなり高い地位ですが、日本で「大尉」だと旧日本軍では中隊長、現自衛隊でも一尉で、おおむね中隊長クラスです。統制、都頭、押司などは使いません。

本書は「水滸伝」を堪能するものではなく、あくまでも人事を考えるためのものなので、日本でよく使うような役職、地位の表現に置き換えました。太尉、統制は将軍（場合によっては司令官）、都頭、提轄は隊長、下士官といった風です。明確に階級を比較すると、多少異なるかもしれませんが、わかりやすくその地位を表現したということで、ご理解ください。

はじめに

「水滸伝」は中国宋代を舞台にした物語である。北宋末期、政治が腐敗し人民が苦しんでいた時代、百八人の豪傑が山東の「梁山泊《りょうざんぱく》」に集い、革命の狼煙《のろし》を上げるという物語。元代に都市の盛り場で上演されていた講談や芝居が、明代に物語としてまとめられた。作者は施耐庵とも羅貫中とも言われている。

「水滸伝」前半は、個々の豪傑たちの武勇伝、冒険譚が続く。物語の最大の魅力は個性的な百八人の豪傑たちの武勇伝である。ところが、後半、豪傑たちが梁山泊に集いはじめると、今度は組織の物語となってゆく。宋江というリーダーのもと、革命の「志」が旗として掲げられ、軍師の呉用が戦略を立てて豪傑たちが動くのである。個人プレイから組織へ。物語の流れの中に、現代企業を生かす戦略のキーが隠されているように思うのである。

はじめは罪を犯して逃げ込んだ豪傑たちの隠れ家だったのが、悪辣な地主や官吏と戦ううちに、とうとう官軍の攻撃を受ける。官軍と戦うためには梁山泊も軍事組織とならねばならない。

組織となる以上、それを維持するための塞の経営が必要となってゆく。軍を動かすには、それまでの一匹狼の豪傑だけでは難しい。武術の優れた豪傑が指揮官として優秀かどうかは別だ。だが、梁山泊には官軍の将軍が新たに仲間に加わったりもし、組織としても充実してくる。

梁山泊の目的も、最初は「正義の遂行」であったのが、「革命」へと変わってゆく。やがて、官軍の主力部隊を破ったあとは、外圧などの社会情勢を考え、国家に帰順するという道を選ぶ。梁山泊の方針が、組織が大きくなったり、社会情勢の変化により変わってゆく。「水滸伝」の後半は、まさに組織の物語なのである。

梁山泊には一芸に秀でた豪傑たちが集うので、彼らの適材適所を考えた人事配置が重要になる。また、二龍山《にりゅうざん》、少華山《しょうかざん》など他の組織が合流したり、官軍の将軍で梁山泊に寝返る者も出て来る。勿論、一匹狼の豪傑もいる。組織内に派閥が出来たりもする。

また、誰を頭領とすべきか、梁山泊の運営方針においても対立が起こったりもする。現代でも起こりうる組織の問題が梁山泊でも起こっている。そして、梁山泊を運営するキーがすなわち「人事」ということになる。なぜならば、梁山泊は百八人のエキスパート集団を軸として数万の兵をかかえた組織だからだ。志をもって戦いに挑む者たちが集う場所を、一般にも「○○梁山泊」と呼んだりもする。そう考えると、企業もまさに梁山泊ではないか。

企業は何も革命を起こすわけではない。経済活動、つまり銭儲けが基本である。まず経済活動はあるものの、企業はそれぞれの「企業理念」を持っている。技術革新だったり社会貢献、地域貢献、国際貢献だったり、近年ならエコロジーなんかもあるだろう。銭儲けをして、社員の社会的な幸福を願うのも理念である。それらはすなわち「志」であり、志をもって集う企業はまさに現代の梁山泊である。

梁山泊がただの山賊の巣窟から革命軍へ、そしてさらに大きくなり国家の組織に拡大してゆくのは、企業において、起業の時はアイディアや単品の商品のみを武器に商売をしていたものが、徐々に企業としての目的を持ち、やがて大きな組織になってゆく過程に似ている。

本著は百二十の回からなる物語「水滸伝」のストーリーにあわせて、企業における人事や総務、福利厚生、管理職やトップのあり方など、その他いろんな人事術を説いてゆこうというものである。個人にはじまり、小さな組織、大きな組織、それぞれの悩みや問題点がある。それらの参考になればと思う次第である。

「水滸伝」事始め

1――時代背景

「水滸伝」の舞台となる時代は、いつ頃であろうか。

プロローグは別にして、だいたいが徽宗《きそう》皇帝の即位から、方臘《ほうろう》の乱までと考えると、一一〇〇～一一二一年の約二十年間であろう。日本では、平安末期に当たる。源平合戦の少し前の時代である。

宋国の建国は、九六〇年。首都は「水滸伝」の徽宗の次の欽宗《きんそう》までは開封《かいほう》。皇帝は代々趙《ちょう》氏が世襲したが、政治体制は官僚政治による。科挙により選ばれた優秀な官僚が法律にのっとって政治、行政を遂行する。凄い難関を突破した、尋常じゃない頭の良さを持った官僚たちによる政治だから、間違いなど起こるはずはない……はずなのに、建国から百四十年、皇帝も八代目ともなると、ゆるぎないはずの官僚体制にひずみが走る。

頭のいい奴はズルイことにも頭がまわるのである。蔡京《さいけい》という人が宰相になった。賄賂でさまざまな利益誘導をするようになった。いや、多分、悪気はなかったんだと思う。はじめは広く多くの民の声を聞き政治に反映させようと門戸を開いた。民の声を聞き便宜を計ったら、莫大な礼金が届けられた。そして、蔡京に口を利いてもらうための取次ぎ役が賄賂を要求するようになった。だいたいこんなようなところから腐敗政治ははじまるのだ。

そして、八代皇帝の徽宗。先帝の弟、先々帝の十一男でまさか皇帝になるとは思わなかった人がなった。この皇帝陛下、のちの世の人から「風流皇帝」と仇名される。芸術文化を愛し、自ら筆をとって書や画を描いたりもしている。そういえば、蔡京も書の達人で、四家の一人に数えられている。文化的に優れた皇帝と宰相がいて、東洋のルネサンスと呼ばれた時代が訪れ、開封の街は栄えた。

さらに、徽宗の趣味が、庭石集めと女郎買い。王宮に何千という女官を集めたとか、そういうんじゃない。妓楼《ぎろう》に通って、遊女と遊ぶのが楽しい。皇位継承にほとんど縁のない呑気な皇子様だった。気楽に妓楼にも通っていたが、皇帝になると軽々しくは妓楼にも通えない。そこで徽宗はどうしたか。なんと、宮殿と妓楼の間に秘密のトンネルを掘った。そうまでして行きたいのか！

女郎買いはまだいい。問題は庭石集めだ。徽宗が好んだ奇石は花石綱といい主に江南地方にあり、これを強制的に徴集し、開封まで運んだ。費用は国家予算で、おかげで財政難に陥るは、輸送に人民を徴用するから不満は起こるは。間違いがあれば、輸送に当たった役人は怒られるくらいでは済まなかった。「水滸伝」では百八人の好漢の一人、楊志《ようし》が花石綱運搬の任に就き、船が沈んだために逃亡している。さらには、方臘の乱も花石綱の運搬に関わる江南の民衆の不満が募って起こったとも言われている。

そんなことで、各地で叛乱が起こった。

徽宗皇帝を悩ますもの、「東の宋江《そうこう》、北の田虎《でんこ》、西の王慶《おうけい》、南の方臘」と言われたが、「水滸伝」の物語では、東の宋江は帰順、その宋江らが国家の軍隊となって、田虎、王慶、方臘を鎮圧した。

皇帝の暴挙、それを許した官僚たちの腐敗、おそらく皇帝の道楽に乗じて甘い汁を吸おうと考えた頭のいい官僚が随分いたのだろう。こうして内側からボロボロになっていった国家に、今度は外圧が加わる。

宋の北に、遼《りょう》という国があり、これが国境を侵して来た。「水滸伝」では宋江らが遼国と戦い勝利するのであるが、史実はなかなかそうはゆかない。宋国は、遼国のさらに北にある、女真族（満州族）の金国と同盟を結び、遼国を挟撃することにする。ところが、方臘の乱で手いっぱい。ようやく遼に出兵するも、遼は強く、結局、戦闘の多くを金国に委ねることになった。遼国は滅び国土の一部は回復したが、今度は金国が大きな脅威となった。

同盟で約束した金品を払わないので金国が怒り、開封を攻め、退位していた徽宗上皇、新たな皇帝の欽宗を捕虜とし金国へ連れ去った（一一二七年、靖康の変）。欽宗の弟、高宗が即位し、江南に都を移し、以後は宋は南宋と呼ばれる。

こうした時代背景の中で、開封にも近い山東で起こった叛乱が「水滸伝」のモデルとなった。

2――梁山泊の場所

梁山泊はどこのあたりか？

山東省というのは、遼東半島から少し内陸に行ったあたり。黄河が中央に流れる。中国の真ん中あたりと言っていい。

黄河の氾濫で出来た湖が昔はあって、黄河や、他の川に通じる、自然の川や、人工の運河なんかもあった。そうして出来た自然の要塞が梁山泊である。今はない。黄河の上流にダムがあったりで、水なんか溢れていない。

涸《か》れた黄河の流域では、今ではなんと蠍《さそり》が養殖されていたりする。山東の名物料理に、蠍の唐揚げがある。香ばしくてなかなか美味い。とくに蠍の尾が舌に触れるとピリッと痺れるものがとりわけ美味く……そんなのはない。孫二娘《そんじじょう》の居酒屋ではない。養殖しているくらいだから、ちゃんと食える蠍である。

鄆城《うんじょう》の街から車で一時間くらい行ったところの小高い山が、梁山泊だったらしく、今ではテーマパークになっている。山の頂上に廟が三つあり、「水滸伝」に登場する宋江、盧俊《ろしゅん》

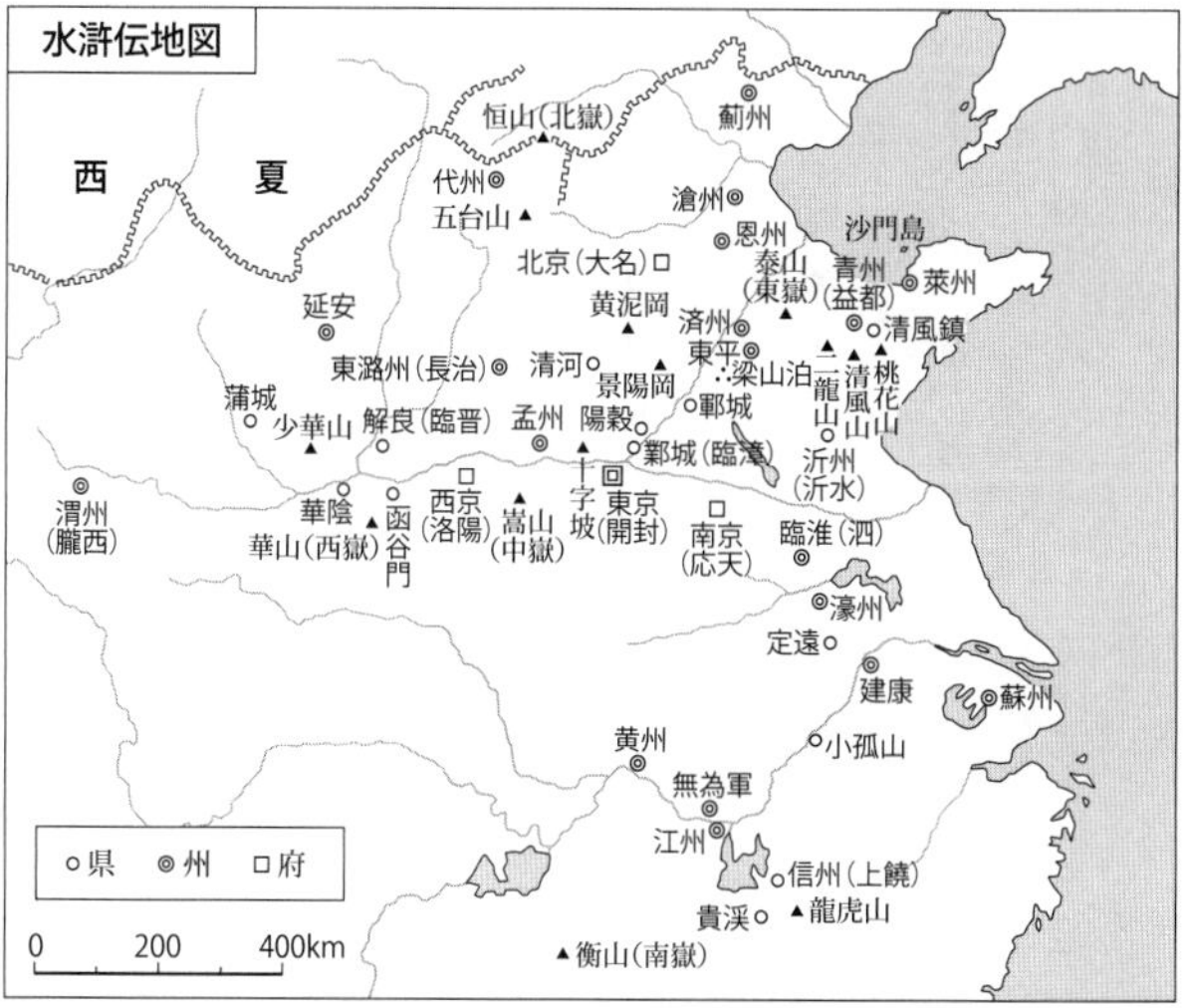
水滸伝地図
西
夏
恒山(北嶽)
薊州
代州
五台山
滄州
恩州
沙門島
北京(大名)
泰山(東嶽)
青州(益都)
萊州
延安
黄泥岡
済州
清風鎮
東平
東潞州(長治)
清河
景陽岡
梁山泊
二龍山
清風山
桃花山
蒲城
少華山
解良(臨晋)
孟州
陽穀
鄆城
鄆城(臨漳)
沂州(沂水)
渭州(朧西)
華陰
函谷門
西京(洛陽)
嵩山(中嶽)
十字坡
東京(開封)
南京(応天)
華山(西嶽)
臨淮(泗)
濠州
定遠
建康
蘇州
黄州
小孤山
無為軍
江州
信州(上饒)
貴渓
龍虎山
衡山(南嶽)
県
州
府
0
200
400km

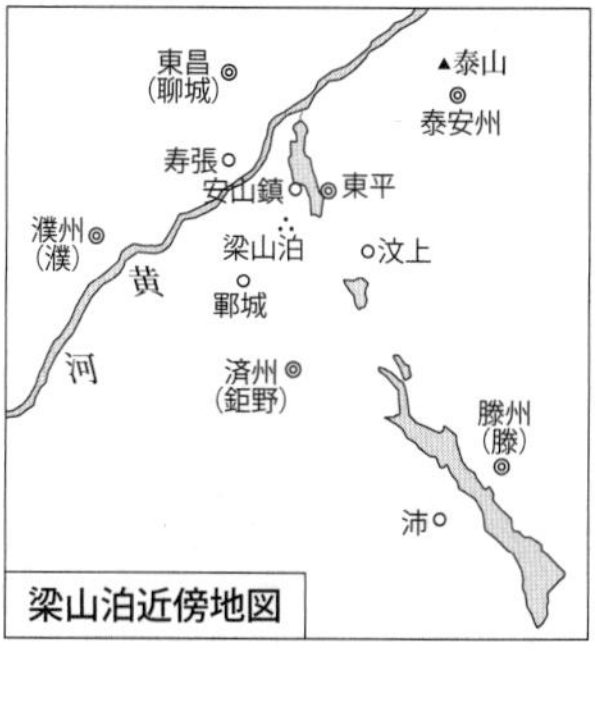
東昌(聊城)
泰山
泰安州
寿張
安山鎮
東平
濮州(濮)
梁山泊
汶上
黄
鄆城
河
済州(鉅野)
滕州(滕)
沛
梁山泊近傍地図

義《ぎ》、呉用《ごよう》の三人の像が中央の廟にあり、左右には天罡星《てんこうせい》三十六人の像が祀られている。

「水許伝」の舞台は、おおむね山東を中心に展開する。鄆城は小さな都市だが現在もある。宋の首都、東京開封《とうけいかいほう》は隣の河南省の都市で、鉄塔などの観光地で知られている。宋国第二の都市、北京大名府《ほっけいだいみょうふ》は今では小都市。中国首都の北京《ぺきん》ではない。

物語に登場する五台山《ごだいさん》、東嶽泰山《とうがくたいざん》は今もある聖地である。

3——梁山泊の組織図

「水許伝」の主人公は百八人の個性的な豪傑たちだ。武術の達人もいれば、官軍の将軍だった者もいる。官吏だった者、漁師だった者、農民だった者や、泥棒、職人、医者などもいるし、女性も三人だがいる。戦闘員だけでなく、いろんなエキスパートが存在する。

その百八人を梁山泊における組織の位置で紹介、またその位置を現代企業の部署に当てはめてみたいと思う。

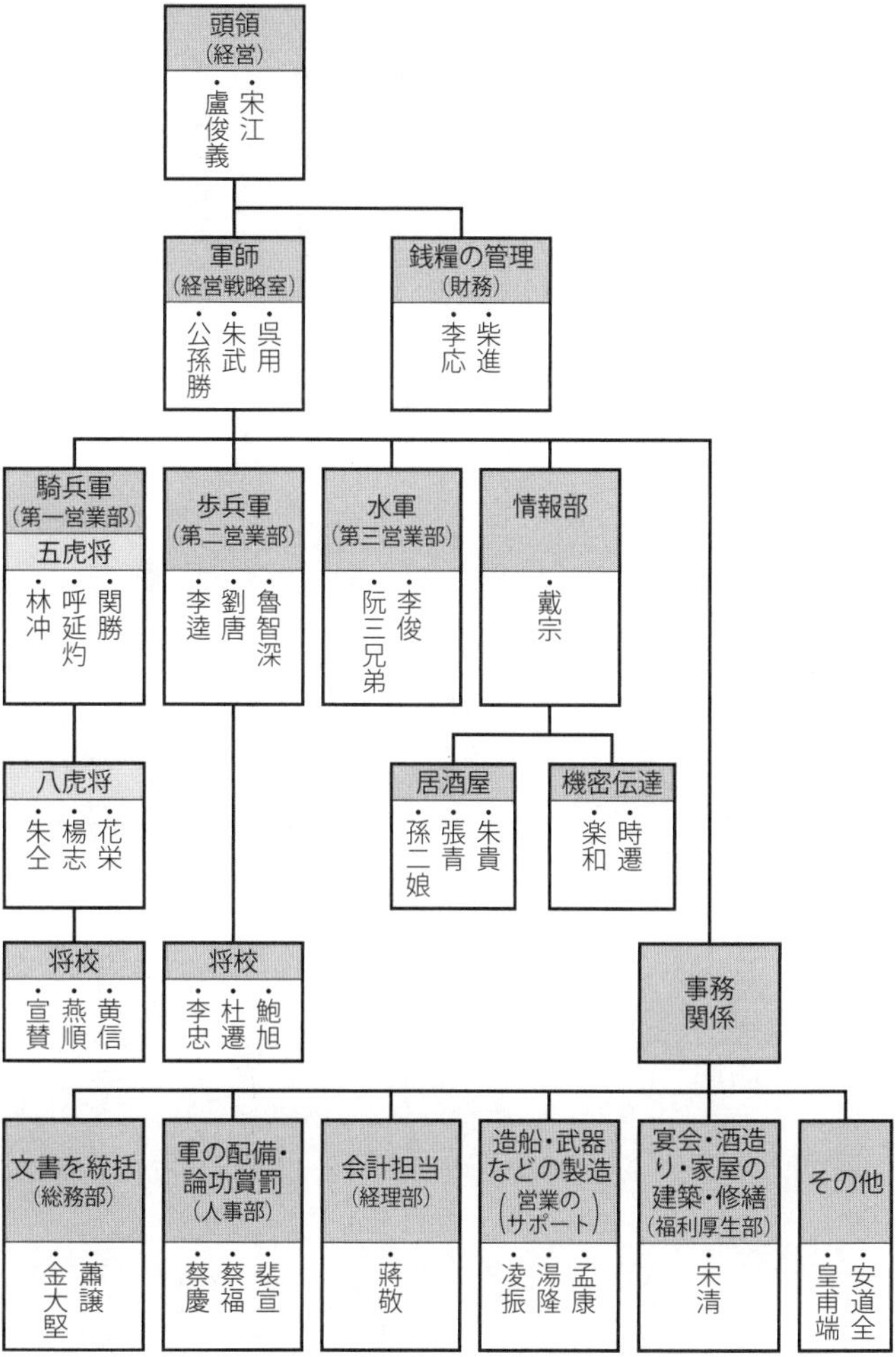
頭領
（経営）
宋江
盧俊義
軍師
（経営戦略室）
呉用
朱武
公孫勝
銭糧の管理
（財務）
柴進
李応
騎兵軍
（第一営業部）
五虎将
関勝
呼延灼
林冲
八虎将
花栄
楊志
朱仝
将校
黄信
燕順
宣贊
歩兵軍
（第二営業部）
魯智深
劉唐
李逵
将校
鮑旭
杜遷
李忠
水軍
（第三営業部）
李俊
阮三兄弟
情報部
戴宗
居酒屋
朱貴
張青
孫二娘
機密伝達
時遷
楽和
事務関係
文書を統括
（総務部）
蕭譲
金大堅
軍の配備・論功賞罰
（人事部）
裴宣
蔡福
蔡慶
会計担当
（経理部）
蔣敬
造船・武器などの製造
（営業のサポート）
孟康
湯隆
凌振
宴会・酒造り・家屋の建築・修繕
（福利厚生部）
宋清
その他
安道全
皇甫端

●頭領・軍師（経営陣）

梁山泊の頭領と、戦略的指導を行う軍師などの首脳部は、梁山泊の頭脳であり、方針を決定してゆく。企業で言えば、まさに経営陣に当たる。

●銭糧の管理（財務）

梁山泊では、元地主の二人に銭や兵糧の管理を任せている。

●騎兵軍（第一営業部）

梁山泊の戦闘部隊の主力は騎兵である。騎兵は営業の主力となる。

●歩兵軍（第二営業部）

主力部隊のサポートも行い、独自にも行動する。もうひとつの主力部隊である。現代企業なら、主力商品の付属品から新規企画まで、あらゆる対応をする柔軟性のあるセクションになるのだろう。

●水軍（第三営業部）

梁山泊は、黄河の氾濫で出来た湖にある島である。守戦の中心であり、兵站などで攻撃のサポートもする。

顧客のニーズを摑み、新たな事業展開、新規技術の開発にも繋げてゆく、鉄壁の守備から相手の情報を摑み攻めに転じる営業部隊なのである。

●情報部

梁山泊では、王倫の時代から麓の街道に茶店をおいて、情報収集を行っていた。宋江らが入山し、梁山泊に人員が増えると、茶店も東西南北に設置し、旅人を接待し、情報収集に当たるようになってゆく。かつて、宋江が旅人をもてなし、及時雨として知られていったように、茶店で接待することで、梁山泊は山賊の巣窟でなく、天下の義士が集う場所だとの評判が広まってゆく。情報収集だけでなく情報発信も行っていったのだ。

●事務関係（総務、人事、経理、福利厚生など）

組織運営の事務方や、要塞の建築、武器製造など、さまざまなエキスパートによって構成されている。

戦争は武将や兵士だけで出来るものではない。兵糧、武器の供給といった兵站が重要で、むしろ兵站の確保が戦争の基本だ。現代企業の営業戦略にもそれは言える。ましてや、平時においても組織を維持しようと思えば、膨大な事務が必要となる。

「水滸伝」がただの豪傑譚でなく、組織の物語というのは、そうした兵站や事務の重要性が描かれているところにもある。

・文書を統括（総務部）

蕭譲《しょうじょう》、金大堅《きんだいけん》ら、元書家、印鑑職人が配備され、事務を統括。兵站などが円滑に行われる重要なポジションである。

・軍の配備、論功賞罰（人事部）

戦闘における軍の配備と、論功賞罰に当たる。元裁判官の裴宣《はいせん》が指揮をとり、元牢役人で処刑人の蔡福《さいふく》・蔡慶《さいけい》が配下にいる。規範を乱す者は厳しく処罰される。

・会計担当（経理部）

経理のエキスパートの蔣敬《しょうけい》が担当。物語にはほとんど登場しないが、貴重な人材である。

・造船、武器などの製造（営業のサポート）

元船大工の孟康《もうこう》、元鍛冶屋の湯隆《とうりゅう》らが担当。また、凌振《りょうしん》の砲兵もいて戦闘をサポートしている。

・宴会、酒造り、家屋の建築、修繕（福利厚生部）

宋江の弟、宋清《そうせい》が宴会を仕切る。戦勝や新しい仲間の加入で宴会は欠かせない。また、仲間の家族のための生活空間作りも梁山泊は配慮している。

・その他

医師の安道全《あんどうぜん》、獣医の皇甫端《こうほたん》もいる。

梁山泊の豪傑一覧（登場順）

史進《ししん》　騎兵八虎将（第一営業部）
［仇名］九紋龍《くもんりゅう》（九枚鱗または九頭の龍）
［出身地］華陰県史家村　［略歴］史家村の名主の若旦那（2）→逃亡者（2〜6）→少華山《しょうかざん》の叛徒（6〜59）
＊九紋龍の刺青があり武芸に秀でる

朱武《しゅぶ》　軍師補佐（経営戦略室主任）
［仇名］神機軍師《しんきぐんし》（計略を得意とする軍師）
［出身地］定遠《ていえん》　［略歴］少華山の叛徒（2〜59）
＊兵法に通じ、陣形戦のエキスパート

陳達《ちんたつ》　騎兵将校（第一営業部）
［仇名］跳澗虎《ちょうかんこ》（谷を飛び越える虎）
［出身地］鄴城《ぎょうじょう》　［略歴］少華山の叛徒（2〜59）
＊点鋼鎗《てんこうそう》を使う

楊春《ようしゅん》　騎兵将校（第一営業部）
［仇名］白花蛇（容姿が白蛇のよう）　［出身地］蒲州《ほしゅう》

※略歴の（　）内の数字は、百二十回中、各登場人物がそれぞれ登場する回数を示す。

解良県《かいりょう》　［略歴］少華山の叛徒（2〜59）
＊大桿刀《だいかんとう》を使う

魯智深《ろちしん》　歩兵頭領（第二営業部本部長）
［仇名］花和尚《かおしょう》（刺青和尚）　［出身地］渭州《いしゅう》
［略歴］渭州の私設軍下士官（3）→逃亡者（3〜4）→五台山の僧侶（4）→旅の僧侶（5〜6）→大相国寺の野菜畑の番人（6〜8）→旅の僧侶（17）→二龍山《にりゅうざん》の叛徒（17〜58）
＊豪快無敵な破戒僧。梁山泊人気ナンバー1

李忠《りちゅう》　歩兵将校（第二営業部）
［仇名］打虎将（虎退治将軍）
［略歴］旅武芸者（3）→桃花山《とうかざん》の叛徒（5〜58）
＊史進に最初に武芸の手ほどきをした師匠

周通《しゅうとう》　騎兵将校（第一営業部）
［仇名］小覇王《しょうはおう》（楚《そ》の将軍、覇王こと項羽《こうう》もどき）

【略歴】桃花山の叛徒(5〜58)
＊桃花村の名主の娘を略奪しようとしたところを
魯智深に懲らされた

林冲《りんちゅう》　騎兵五虎将（第一営業部長）
【仇名】豹子頭《ひょうしとう》（豹のような頭、「三国志」の蜀《しょく》の英雄、張飛《ちょうひ》をイメージしている）
【出身地】開封　【略歴】禁軍《きんぐん》武芸師範(7)→流罪人(8〜10)→逃亡者(10〜12)
＊得意な武器は蛇矛《じゃぼう》だが、槍、棒、剣に精通。武芸の腕は梁山泊一で、梁山泊初期の指導者の一人として重要なポジションを務める

柴進《さいしん》　金銭・糧食の管理（財務担当役員）
【仇名】小旋風（小さいつむじ風）　【出身地】滄州《そうしゅう》
【略歴】滄州の分限者で、大周帝の末裔(9〜54)
＊家柄では梁山泊ナンバー1

宋万《そうまん》・杜遷《とせん》　歩兵将校（第二営業部）
【仇名】雲裏金剛《うんりこんごう》（大きな金剛）・摸着天《もちゃくてん》（大きな神様）　【略歴】梁山泊の叛徒(11)
＊王倫配下としてもともと梁山泊にいた

朱貴《しゅき》　南山酒店（情報部／アンテナショップ店長）
【仇名】旱地忽律《かんちこつりつ》（日照りの沼に住む鰐）
【出身地】沂水県《ぎすいけん》　【略歴】梁山泊の叛徒(11)
＊居酒屋を営みながら情報収集を行う

楊志《ようし》　騎兵八虎将（第一営業部長）
【仇名】青面獣（青っ面の獣、青い痣《あざ》があるところから）　【出身地】開封
【略歴】禁衛の上級将校→逃亡者(12)→流罪人(12〜13)→北京大名府《ほっけいだいみょうふ》長官の私設軍の将校(13〜17)→二龍山の叛徒(17〜58)
＊三代続く武門の家柄

索超《さくちょう》　騎兵八虎将（第一営業部）
【仇名】急先鋒（真っ先に飛び出す男）
【出身地】北京大名府　【略歴】北京大名府守備隊の上級将校(12〜65)
＊金蘸斧《きんさんぷ》を使う

朱仝《しゅどう》　騎兵八虎将（第一営業部）
【仇名】美髯公《びぜんこう》（美しい髯《ひげ》の貴公子、関羽《かんう》のことをいう）　【出身地】鄆城県《うんじょう》

【略歴】鄆城県の若旦那→鄆城県の捕吏(13〜51)→
流罪人(51〜52)
＊関羽に憧れて一尺五寸の髯を伸ばしている

雷横《らいおう》 歩兵頭領（第二営業部／技術企画担当）
【仇名】挿翅虎《そうしこ》（羽根のある虎）
【出身地】鄆城県【略歴】鍛冶屋→米搗《つ》き→鄆城県の捕吏(13〜51)→逃亡者(51)
＊前職の経験を活かし、戦闘以外でも意外な才気を見せる

劉唐《りゅうとう》 歩兵頭領（第二営業部長）
【仇名】赤髪鬼《せきはつき》（赤毛の暴れ者）【出身地】東路州
【略歴】無頼者(13〜19)
＊初期の段階から、歩兵を統括

呉用《ごよう》 軍師（経営戦略室長）
【仇名】智多星《ちたせい》（知多き星）【出身地】鄆城県
【略歴】寺子屋の先生(13〜19)
＊「三国志」の蜀の軍師、諸葛孔明を意識した梁山泊の軍師

阮小二《げんしょうじ》、**阮小五**《しょうご》、**阮小七**《しょうしち》 水軍頭領（第三営業部）
【仇名】立地太歳《りっちたいさい》（凶星の一つ）、短命二郎（相手を短命にする次男坊）、活閻羅《かつえんら》（この世にいる閻魔）【出身地】済州石碣村《せっけつそん》
【略歴】石碣村の漁師(15〜19)
＊梁山泊近くの漁師の兄弟で、水路に明るい。兄弟の中で妻帯しているのは小二のみ。小五は一番の暴れん坊で、小七は機転が利くがいたずら者

公孫勝《こうそんしょう》 軍師（特別戦略室長）
【仇名】入雲龍《にゅううんりゅう》（雲に入る龍）【出身地】薊州《けいしゅう》
【略歴】道士(15〜19)
＊妖術使いとして、梁山泊の危難を救う

白勝《はくしょう》 機密伝達（情報部）
【仇名】白日鼠《はくじつそ》（鼠小僧）【出身地】鄆城県
【略歴】遊び人(16〜19)
＊山東の伝説では義賊としても登場する中国版鼠小僧

曹正《そうせい》 屠殺担当（福利厚生部）
【仇名】操刀鬼《そうとうき》（肉切り刀を巧みに操る）

【出身地】開封【略歴】開封の肉屋→青州の村人(17〜)→二龍山の叛徒(57〜58)

*代々の肉屋

張青《ちょうせい》・孫二娘《そんじじょう》 西山酒店（情報部／アンテナショップ店長）

【仇名】菜園子《さいえんし》（野菜畑の番人）・母夜叉《ぼやしゃ》（女夜叉）

【略歴】張青は野菜畑の番人、孫二娘は盗賊の娘→夫婦で孟州《もうしゅう》にて居酒屋(17〜31)→二龍山の叛徒(57〜58)

*夫婦で強盗居酒屋を経営

宋江《そうこう》 頭領（代表取締役社長）

【仇名】呼保義《こほうぎ》（保義と呼ばれた男）、及時雨《きゅうじう》（恵みの雨）【出身地】鄆城県宋家村

【略歴】宋家村の若旦那→鄆城県の下級官吏(18〜21)→逃亡者(22〜36)→流罪人(36〜41)

*梁山泊のリーダーであり、梁山泊の方針を決定する

宋清《そうせい》 宴会担当（福利厚生部長）

【仇名】鉄扇子（鉄の扇使い）【出身地】鄆城県宋家村【略歴】宋家村の村人(22〜42)

*宋江の弟

武松《ぶしょう》 歩兵頭領（第二営業部長）

【仇名】行者（追っ手を逃れるため行者に変装した）

【出身地】清河県《せいがけん》【略歴】無頼者(22〜23)→陽穀県《ようこくけん》歩兵部隊の下士官(23〜27)→流罪人(27〜31)→逃亡者(31〜32)→二龍山の叛徒(57〜58)

*「水滸伝」中盤の「武十回」の主人公

施恩《しおん》 歩兵将校（第二営業部）

【仇名】金眼彪《きんがんひょう》（金色の目の彪）

【出身地】孟州安平塞《あんぺいさい》【略歴】孟州牢城の長官の息子(28〜31)→二龍山の叛徒(57〜58)

*武松の弟分

孔明《こうめい》・孔亮《こうりょう》 中軍を守備する歩兵隊長（第二営業部サポート班）

【仇名】毛頭星《もうとうせい》（凶星）・独火星《どっかせい》（火星のことだが、不吉な星の意味でもある）【出身地】青州白虎山《びゃっこざん》

【略歴】青州白虎山の若旦那兄弟(32)→白虎山の叛徒(57〜58)

＊巨漢の兄弟

燕順《えんじゅん》　騎兵将校（第一営業部）
【仇名】錦毛虎《きんもうこ》（金色の虎）【出身地】萊州《らいしゅう》
【略歴】博労→清風山《せいふうざん》の叛徒(32〜35)
＊鍼《はり》治療が特技

王英《おうえい》　内務担当の騎兵（営業管理部）
【仇名】矮脚虎《わいきゃくこ》（短足の虎）【出身地】両淮《りょうわい》
【略歴】人足→清風山の叛徒(32〜35)
＊五尺ない小男で女好き。宋江の仲人で扈三娘《こさんじょう》と結ばれる

鄭天寿《ていてんじゅ》　歩兵将校（第二営業部）
【仇名】白面郎君《はくめんろうくん》（色白の男前）【出身地】蘇州
【略歴】銀細工職人→清風山の叛徒(32〜35)
＊美男で、武芸の腕は王英と互角

花栄《かえい》　騎兵八虎将（第一営業部長）
【仇名】小李広（李広もどき、李広は漢の弓の達人）
【出身地】青州
【略歴】青州清風鎮の守備隊長(33〜35)
＊弓の名手で、宋江の側近的位置にいる

黄信《こうしん》　騎兵将校（第一営業部）
【仇名】鎮三山（二龍山、清風山、桃花山、三つの賊徒の巣窟を鎮圧する男）
【出身地】青州【略歴】青州軍の将校(33〜35)
＊喪門剣《そうもんけん》を使う

秦明《しんめい》　騎兵五虎将（第一営業部本部長）
【仇名】霹靂火《へきれきか》（その大きな声が、まさに霹靂のようである）
【出身地】青州【略歴】青州軍の将軍(34〜35)
＊狼牙棒《ろうがぼう》（イガイガのついた棒）を使い、主な戦闘で先鋒を務める。花栄の妹を妻に娶る

呂方《りょほう》　中軍を守備する騎兵隊長（第一営業部サポート班）
【仇名】小温侯《しょうおんこう》（「三国志」の武将、呂布の官位が温侯）【出身地】潭州《たんしゅう》
【略歴】生薬商人→対影山《たいえいざん》の賊徒(35)
＊方天の画戟《がげき》を使う

郭盛《かくせい》　中軍を守備する騎兵隊長（第一営業部サポート班）

【仇名】賽仁貴《さいじんき》（唐の武将、仁貴よりも優れし者）
【出身地】西川《さいせん》【略歴】水銀商人→武芸者(35)
＊方天の画戟を使う
石勇《せきゆう》　歩兵将校（第二営業部）
【仇名】石将軍【出身地】北京大名府
【略歴】遊び人(35)
＊前半では居酒屋を営む
李俊《りしゅん》　水軍頭領（第三営業部本部長）
【仇名】混江龍《こんこうりゅう》（揚子江を荒らす龍）
【出身地】盧州《ろしゅう》【略歴】潯陽江《じんようこう》など江州《こうしゅう》一帯で塩の密売人を取り仕切る親分(36〜41)
＊梁山泊水軍の頭
童威《どうい》・童猛《どうもう》　水軍頭領（第三営業部）
【仇名】出洞蛟《しゅつどうこう》（洞から出て来た蛟《みずち》）・翻江蜃《ほんこうしん》（蜃気楼を作る蜃という伝説の生物）【出身地】潯陽江のほとり【略歴】塩の密売人(36〜41)
＊兄弟。李俊の弟分
李立《りりつ》　北山酒店（情報部／アンテナショップ店長）
【仇名】催命判官（地獄の裁判官、閻魔大王の意味）
【出身地】掲陽嶺《けいようれい》【略歴】掲陽嶺の居酒屋(36〜41)
＊李俊らの仲間
薛永《せつえい》　歩兵将校（第二営業部）
【仇名】病大虫（大虎もどき）【出身地】洛陽
【略歴】旅の武芸者、膏薬売り(36〜41)
＊槍棒、武芸の達人
穆春《ぼくしゅん》　歩兵将校（第二営業部）
【仇名】小遮攔《しょうしゃらん》（小さな暴れん坊）【出身地】掲陽鎮《けいようちん》
【略歴】掲陽鎮の若旦那(36〜41)
＊穆弘《ぼくこう》の弟
穆弘《ぼくこう》　騎兵八虎将（第一営業部）
【仇名】没遮攔《ぼっしゃらん》（さえぎるものがない、暴れ出したら誰も止められない）
【出身地】掲陽鎮【略歴】掲陽鎮の若旦那(36〜41)
＊穆春の兄。民間出身の主力部隊指揮官
張横《ちょうおう》　水軍頭領（第三営業部）
【仇名】船火児《せんかじ》（船の悪魔）【出身地】潯陽江のほとり【略歴】潯陽江の強盗船頭(37〜41)
＊張順の兄

戴宗《たいそう》　情報主任（情報部長）
［仇名］神行太保《じんこうたいほう》（道術をもって一日八百里走ることが出来た）［出身地］江州
［略歴］道士→江州牢城の牢役人（37〜41）
＊一日八百里走ることが出来る神行歩の術が使える

李逵《りき》　歩兵頭領（第二営業部）
［仇名］黒旋風《こくせんぷう》（黒いつむじ風）、鉄牛《てつぎゅう》と呼ばれることもある（子供の頃の仇名）［出身地］沂水県
［略歴］無頼者→江州牢城の下働き（38〜41）
＊二丁板斧《はんぷ》（まさかり）で目の前にいる敵を殺しまくる、ある意味、梁山泊最強の男。毎回トラブルを起こすので、いつも宋江に怒られているが、宋江をこよなく敬愛している宋江親派の最右翼でもある

張順《ちょうじゅん》　水軍頭領（第三営業部）　浪裏白跳《ろうりはくちょう》（浪くぐりの鮠《はや》）
［出身地］潯陽江のほとり　［略歴］潯陽江の船頭→江州の魚問屋の主人（38〜41）
＊張横の弟。水練の達人で、潜水術に長け、三日三晩水中に潜っていることも出来る

蕭譲《しょうじょう》　将兵派遣の文書作成（総務部長）
［仇名］聖手書生（巧みな技を持つ文人）
［出身地］済州　［略歴］書家（39）
＊蘇東坡《そとうば》、黄魯直《こうろちょく》、米元章《べいげんしょう》、蔡京《さいけい》、四家の書体の偽造が得意。優秀な事務スタッフとして、梁山泊には欠くことの出来ない存在

金大堅《きんだいけん》　印鑑の製造、管理（総務部）
［仇名］玉臂匠《ぎょくひしょう》（玉石の職人）［出身地］済州
［略歴］印鑑職人（39）
＊文書に必要な印鑑の製造、管理を行う。また、梁山泊の記録を碑文に記した

侯健《こうけん》　旗の製造、管理（総務部／第一・第二営業部サポート）
［仇名］通臂猿《つうひえん》（手長猿）［出身地］洪都
［略歴］仕立て屋（41）
＊仕立て屋として各地の屋敷に厄介になって旅をしていた

欧鵬《おうほう》　騎兵将校（第一営業部）
【仇名】摩雲金翅《まうんきんし》（天を駆ける金の鷲）
【出身地】黄州《こうしゅう》
【略歴】揚子江の守備兵士→黄門山《こうもんざん》の叛徒(41)
＊槍を使う

蔣敬《しょうけい》　会計担当（経理部長）
【仇名】神算子《しんざんし》（算術の達人）【出身地】潭州
【略歴】落第書生→黄門山の叛徒(41)
＊読書人で算術が得意、経理のエキスパート

馬麟《ばりん》　騎兵将校（第一営業部）
【仇名】鉄笛仙《てってきせん》（鉄笛の名手）【出身地】南京建康
【略歴】遊び人→黄門山の叛徒(41)
＊特技は鉄笛

陶宗旺《とうそうおう》　城壁の修繕、管理（総務部）
【仇名】九尾亀《きゅうびき》（九尾の亀）【出身地】光州《こうしゅう》
【略歴】農民→黄門山の叛徒(41)
＊力が強く、鋤鍬を使う

朱富《しゅふう》　杜氏（福利厚生部）
【仇名】笑面虎（笑っているように見える虎）
【出身地】沂水県【略歴】沂水県の居酒屋(43〜44)
＊朱貴の弟

李雲《りうん》　家屋の建築、修理（総務部／社宅管理担当）
【仇名】青眼虎《せいがんこ》（碧眼の虎）【出身地】沂水県
【略歴】沂水県の捕吏(43〜44)
＊武芸の腕は李逵とも互角。苦手は酒

楊林《ようりん》　騎兵将校（第一営業部／情報収集担当）
【仇名】錦豹子《きんぴょうし》（金色の豹の子）【出身地】彰徳府《しょうとくふ》
【略歴】無頼者(44)
＊筆槍《ふでやり》を使う

裴宣《はいせん》　軍政司（人事部長）
【仇名】鉄面孔目《てつめんこうもく》（正義の裁判官）
【出身地】京兆府《きょうちょうふ》
【略歴】京兆府の裁判官→流罪人→飲馬川《いんばせん》の叛徒(44)
＊正義の人で、曲がったことが嫌い

鄧飛《とうひ》　騎兵将校（第一営業部）
【仇名】火眼狻猊《かがんしゅんげい》（赤眼の獅子）【出身地】襄陽《じょうよう》
【略歴】飲馬川の叛徒(44)

＊鉄鎖を使う
孟康《もうこう》　造船担当（総務部／第三営業部サポート）
【仇名】玉旛竿《ぎょくはんかん》（白玉の旛竿）【出身地】真定州
【略歴】船大工→飲馬川の叛徒(44)
＊船大工
楊雄《ようゆう》　歩兵頭領（第二営業部）
【仇名】病関索《びょうかんさく》（関羽の息子、関索もどき）
【出身地】薊州
【略歴】薊州の牢役人(44～46)→逃亡者(46～47)
＊処刑人も兼任していた
石秀《せきしゅう》　歩兵頭領（第二営業部／情報収集担当）
【仇名】拚命《へんめい》三郎（命知らずの三男坊）
【出身地】南京建康【略歴】薪売り(44)→肉屋(44～45)→逃亡者(46～47)
＊潜入工作などでも活躍する
時遷《じせん》　機密伝達（情報部）
【仇名】鼓上皁《こじょうそう》（太鼓の上の蚤）【出身地】高唐州
【略歴】泥棒(46～50)
＊おそらく忍術の類が使えるのか、戸締まりが厳重な屋敷にでも簡単に忍び込めてしまう
杜興《とこう》　南山酒店（情報部／アンテナショップ店長）
【仇名】鬼臉児《きれんじ》（鬼面）【出身地】中山府《ちゅうざんふ》
【略歴】旅商人→李家の執事(46～50)
＊巨漢で怖い顔ながら事務能力にも長ける
李応《りおう》　金銭・糧食の管理（財務担当役員）
【仇名】撲天鵰《ぼくてんちょう》（天撃つ鷹）【出身地】済州独龍岡《さいしゅうどくりゅうこう》
【略歴】独龍岡李家荘の領主(47～50)
＊点鋼鎗と飛刀を使う。済州独龍岡李家荘を仕切っていた。祝家荘戦の後、梁山泊に加わる
扈三娘《こさんじょう》　内務担当の騎兵（営業管理部）
【仇名】一丈青《いちじょうせい》（二メートルの刺青、全身に刺青を入れているというようなイメージ）
【出身地】済州独龍岡
【略歴】独龍岡扈家荘のお嬢様で女戦士(48)
＊日・月二ふりの剣を使う。宋江のすすめで、王英を夫にする
解珍《かいちん》・解宝《かいほう》　歩兵頭領（第二営業部）
【仇名】両頭蛇《りょうとうだ》（二つ頭の蛇）・双尾蝎《そうびかつ》（二つ尾の

蠍）【出身地】登州《とうしゅう》【略歴】猟師(49)
＊点鋼叉《てんこうさ》を使う。猟師の兄弟。山中の戦闘は無敵。
孫立の従兄弟。顧大嫂の弟。

孫立《そんりつ》　騎兵将校（第一営業部）
【仇名】病尉遅《びょううつち》（唐の武将、尉遅恭もどき）
【出身地】登州【略歴】登州守備隊の下級将校(49)
＊弓、槍、鞭を使う

楽和《がくわ》　機密伝達（情報部）
【仇名】鉄叫子《てっきょうし》（美声の持ち主）【出身地】茅州《ぼうしゅう》
【略歴】牢番(49)
＊音曲が得意。姉が孫立の妻

孫新《そんしん》・顧大嫂《こだいそう》　東山酒店（情報部／アンテナショップ店長）
【仇名】小遅尉《しょううつち》（兄の仇名が病遅尉なため、その弟という意味）・母大虫《ぼだいちゅう》（大虎おばさん）
【出身地】登州【略歴】登州の居酒屋(49)
＊孫新は孫立の弟。顧大嫂は解珍・解宝の姉。女房の顧大嫂は腕力も強く、統率力があり、孫立が腰が重いので、顧大嫂が一家のリーダーとして動くこともある

鄒淵《すうえん》・鄒潤《すうじゅん》　歩兵将校（第二営業部）
【仇名】出林龍（林から出て来た龍）・独角龍（一本角の龍、額に瘤《こぶ》があるところから）
【出身地】登州【略歴】遊び人(49)
＊叔父・甥のコンビ

湯隆《とうりゅう》　武器製造、管理（総務部）
【仇名】金銭豹子《きんせんひょうし》（あばたの豹）【出身地】延安府《えんあんふ》
【略歴】延安府の役人の息子→遊び人→鍛冶屋(54)
＊武器製造のエキスパート。手製の鉤鎌鎗《こうれんそう》を使う

呼延灼《こえんしゃく》　騎兵五虎将（第一営業部本部長）
【仇名】双鞭《そうべん》（二本の鞭）【出身地】徐寧州《じょねいしゅう》
【略歴】徐寧州の将軍(54〜58)
＊宋国建国の英雄、呼延賛《こえんさん》の子孫。銅製の二本鞭を使う

韓滔《かんとう》　騎兵将校（第一営業部）
【仇名】百勝将（勝ち続ける将軍）【出身地】陳州《ちんしゅう》
【略歴】陳州の民兵指揮官(55〜57)
＊棗《なつめ》の木の矛を使う

彭玘《ほうき》　騎兵将校（第一営業部）
【仇名】天目将（天目山の将軍）【出身地】潁州《えいしゅう》
【略歴】潁州の民兵指揮官(55)
＊三尖両刃《さんせんりょうじん》の剣を使う

凌振《りょうしん》　砲手（総務部／第一営業部サポート）
【仇名】轟天雷《ごうてんらい》（大砲の轟音）【出身地】燕陵
【略歴】砲手(55)
＊風火砲《ふうかほう》、金輪砲《こんりんほう》、子母砲《しぼほう》の大砲を操る

徐寧《じょねい》　騎兵八虎将（第一営業部／新人教育担当）
仇名・金鎗手（金の鎗使い）
【出身地】開封【略歴】禁軍鎗術師範(56)
＊鉤鎌鎗の秘術を伝えている。金鎗を使う

樊瑞《はんずい》　歩兵将校（第二営業部）
【仇名】混世魔王《こんせいまおう》（神出鬼没の魔王）【出身地】濮州《ほくしゅう》
【略歴】道士→芒碭山《ぼうとうざん》の叛徒(59〜60)
＊妖術使い

項充《こうじゅう》・李袞《りこん》　歩兵将校（第二営業部）
【仇名】八臂那吒《はっぴなた》（八本腕の那吒、那吒は道教の神）・飛天大聖《ひてんたいせい》（神様の名前）
【出身地】徐州《じょしゅう》【略歴】芒碭山の叛徒(59〜60)
＊団牌と二十四本の飛刀を使う

段景住《だんけいじゅう》　機密伝達（情報部）
【仇名】金毛犬（金髪の犬）【出身地】涿州《たくしゅう》
【略歴】馬泥棒(60)
＊北方の地理に明るい

盧俊義《ろしゅんぎ》　頭領第二席（代表取締役副社長）
【仇名】玉麒麟《ぎょくきりん》（美しき麒麟）【出身地】北京大名府
【略歴】北京の分限者(61〜66)
＊河北の三傑と呼ばれる武芸の達人

燕青《えんせい》　歩兵頭領（第二営業部／副社長秘書兼任）
【仇名】浪士《ろうし》（色男）【出身地】北京大名府
【略歴】盧俊義の従者(61〜62)
＊美男で歌舞音曲、いろんな地方の方言に通じる。全身に刺青。半弓を使い、格闘技も得意。とにかく出来る男である

蔡福《さいふく》・蔡慶《さいけい》　首斬人（人事部）
【仇名】鉄臂膊《てっぴはく》（鉄腕）・一枝花《いっしか》（処刑の時、鬢に花を飾る）【出身地】北京大名府

【略歴】北京大名府の牢役人(61〜66)
＊兄弟

宣贊《せんさん》　騎兵将校（第一営業部）
【仇名】醜郡馬《しゅうぐんば》（醜い郡王の娘婿）【出身地】開封
【略歴】正規軍将校→とくに任務のない官僚(63)→賊徒討伐軍副将(63〜64)
＊剛刀を使う。顔が醜いので出世出来なかった

関勝《かんしょう》　騎兵五虎将（第一営業部本部長）
【仇名】大刀（大きな刀、ここでは関勝の武器、青《せい》龍偃月刀《りゅうえんげつとう》）【出身地】凌州【略歴】凌州の将軍→蒲東《ほとう》の巡検(63)→賊徒討伐軍将軍(63〜64)
＊「三国志」の蜀の英雄、関羽の子孫で、関羽のような風貌、青龍偃月刀を使い、馬も関羽の愛馬、赤兎馬《せきとば》の子孫に乗っている。若い頃から兵法を学び、将軍の器であるにもかかわらず、蒲東の田舎で巡検の任に就いていた。早い話が冷や飯を食わされていた

郝思文《かくしぶん》　騎兵将校（第一営業部）
【仇名】井木犴《せいぼくかん》（星座の名前）【出身地】蒲東
【略歴】蒲東の巡検(63)→賊徒討伐軍副将(63〜64)
＊関勝の弟分

安道全《あんどうぜん》　医師（医務室／健康管理）
【仇名】神医（神のごとき腕の医師）
【出身地】建康府【略歴】建康府の外科医師(65)
＊全国に名が知られた名医。外科治療だけでなく、入墨を消したり、恋煩いも治療する

王定六《おうていろく》　北山酒店（情報部／アンテナショップ店長）
【仇名】活閃婆《かっせんば》（稲妻の神）【出身地】建康府
【略歴】揚子江のほとりの居酒屋の息子(65)
＊俊足で、戴宗不在の時は伝令としても働く

単廷珪《たんていけい》　騎兵将校（第一営業部）
【仇名】聖水将（水攻めの兵法を得意とする将軍）
【出身地】凌州【略歴】凌州の民兵指揮官(67)
＊水攻めの兵法を得意とする

魏定国《ぎていこく》　騎兵将校（第一営業部）
【仇名】神火将（火攻めの兵法を得意とする将軍）
【出身地】凌州【略歴】凌州の民兵指揮官(67)
＊火器を使う

焦挺《しょうてい》　歩兵将校（第二営業部）
【仇名】没面目《ぼつめんぼく》（ぶあいそう）【出身地】中山府
【略歴】格闘家(67)
＊素手で戦えば李逵より強い

鮑旭《ほうきょく》　歩兵将校（第二営業部）
【仇名】喪門神《そうもんしん》（疫病神）【出身地】凌州
【略歴】枯樹山《こじゅざん》の叛徒(67)
＊李逵と相性がよく、李逵をリーダーに歩兵の突撃部隊を編成し暴れる

郁保四《いくほうし》　旗手（総務部）
【仇名】険道神《けんどうしん》（死神）【出身地】青州
【略歴】馬泥棒(68)
＊身の丈一丈の巨漢

董平《とうへい》　騎兵五虎将（第一営業部長）
【仇名】双鎗将（二本鎗の将軍）
【出身地】河東上党郡【略歴】東平府の守備隊長(69)
＊二本の鎗を使う。管弦の演奏が得意という風流な面もある

張清《ちょうせい》　騎兵八虎将（第一営業部長）
【仇名】没羽箭《ぼつうせん》（羽根のない矢、得意な武器が石礫だから）
【出身地】彰徳府【略歴】東昌府の守備隊長(70)
＊石礫を投げれば百発百中

龔旺《きょうおう》・丁得孫《ていとくそん》　歩兵将校（第二営業部）
【仇名】花項虎《かこうこ》（虎の刺青）・中箭虎《ちゅうせんこ》（矢負いの虎）
【出身地】東昌府【略歴】東昌府の守備隊副将(70)
＊龔旺は投げ槍、丁得孫は投げ叉を使う

皇甫端《こうほたん》　獣医（総務部／第一営業部サポート）
【仇名】紫髯伯《しぜんはく》（紫の髯をたくわえた伯楽）
【出身地】東昌府【略歴】獣医(70)
＊馬のエキスパート

第一章　好漢たちの武勇伝「これが漢《おとこ》の生きる道」

――フリーランスの強みを活かす

「水滸伝」の前半は、好漢たちの武勇伝が一つずつ語られる。一匹狼の漢たち、だが、人との繋がりが、やがて大きな組織形成への礎《いしずえ》となってゆく。漢たちの生き方を綴る物語から、人事術の基本を知る。

――洪将軍、妖魔を放つ

大宋の仁宗《じんそう》帝の御世、国中に悪疫が流行した。仁宗帝は心を痛め、文武百官を集めて対策を講じた。大赦を行い、減税を行い、さまざまな祈禱も行ったが、悪疫はいっこうに治まることがなかった。

仁宗帝はふたたび文武百官を集めて意見を聞くに、范《はん》大臣が「江西の龍虎山にいる張天師を呼び天帝に祈願すれば悪疫は去りましょう」と言う。早速、洪信《こうしん》という将軍が龍虎山へ旅立つ。

洪信は江西に着き、龍虎山に登る。険しい山道を行き、途中、虎や大蛇に襲われ酷い目に遭う。やがて黄牛に乗った少年と会う。少年は「天師はあなたが来ることをわかっていて、今朝、鶴に乗って開封に旅立たれた」と言う。

麓に戻った洪信は土地の僧侶から、その少年が張天師だと聞かされ驚く。

翌日、洪信はあたりを散策するに、「伏魔之殿《ふくまのでん》」と額の掛かった廟があった。ここは先祖の老師が百八の妖魔を封じ込めたところだという。それを聞いた洪信は妖魔など恐れるに足りずと、僧侶たちの止めるのも聞かず、廟の錠を壊させて中に入る。すると、中の石碑に

洪信、誤って妖魔を放つ

「遇洪而開《こうにあいてひらく》」とある。これを見た洪信は数百年も前から自分がこの廟の扉を開けることが記されていたと喜び、またも僧侶たちの止めるのを聞かず、人足たちに石碑の下を掘らせた。すると穴の中からゴーッという凄い響きが起こり、無数の金色の光になって四方八方に飛び散った。

［ノート1］洪信

世の中には権威を嵩に威張る人、自身の能力を過信している人、不始末があると隠蔽してしまう人というのはよくいる。ここに出て来る洪信将軍はまさにそんな人物だ。

こういう人は離れたところで見ているぶんには面白いが、係わり合いになると碌なことはない。また、こういう人に限って結構運がよく、なにかとモノがうまく運んでしまうことがある。しかし、その尻拭いは必ず誰かがやっているわけで、親しくしていると、いつそういうとばっちりが廻ってくるかもしれない。

保守的に現状維持で行くならよいが、新しいことにトライしようという時は要注意で近づけないほうがよろしい。

第一、精神衛生上よろしくない。いまの時代、精神的に無駄なプレッシャーほど身体に悪いものはない。自身の気力を保つためにも、適当に距離を保つことを心掛けたい。

二――九紋龍《くもんりゅう》史進《ししん》、史家村に暴れる

開封では張天師が祈禱を行い、悪疫が治まる。

洪信は伏魔之殿から妖魔を放ったことを部下に口止めしたため、このことが知れることもなく、開封に戻り昇進した。

その後は平和が続き、仁宗帝は四十二年間在位し崩御された。

三代後の哲宗《てっそう》帝の御世、開封に高二郎というならず者がいた。遊芸や蹴鞠が得意で、力があり相撲も強かったが、了見はよろしくない。世間知らずの若旦那を騙して放蕩させたのを親に訴えられ追放刑になるが、恩赦で開封へ戻った。王という役人の家の使い走りをしていたが、ある日、哲宗帝の弟君、端王《たんおう》のもとへ使いに行ったおり、蹴鞠の技が気に入られ、端王に仕えることとなった。

やがて、哲宗帝が崩御し、なんと端王が即位し、徽宗帝となられた。高二郎は徽宗帝のお気に入りだったので、高俅《こうきゅう》と名乗り、しばらくして禁軍（近衛師団）の司令官に抜擢された。

た。

［ノート2］一芸に秀でよ

「水滸伝」の敵役ナンバー1の高俅であるが、一介のならず者から禁軍司令官にまで出世をした。

勿論、運にも恵まれたが、その運を引き寄せたのは彼の能力であろう。高俅は蹴鞠が得意であった。その技が端王に気に入られたのが出世のはじまりである。どんなことでも一芸に秀でているというのはチャンスを掴むきっかけになる。

たかが蹴鞠とあなどるなかれである。遊びの中にもビジネスチャンスはある。現代社会ならば、それこそゲームやマンガに精通していれば、立派なスキルである。運を引き寄せるのも、一芸の力があったればこそということだ。

禁軍の棒術指南番に王進《おうしん》という者がいた。禁軍の指南番とは、禁軍の下士官の中でとりわけ武芸に秀でた者が任ぜられる役である。王進の亡き父、王昇はならず者時代の高俅を懲らしたことがあった。王進は高俅が司令官になったと知り、これは必ず仕返しをされると、夜陰にまぎれ、老母を連れて開封を出奔した。

王進は自分の武術が活かせる土地へ行こうと、辺境の延安《えんあん》をめざす。しかし、途中、華陰県で老母が病になり、史家村の名主の家に厄介になった。

朝、一人の若者が棒術の稽古をしていた。名主の家の一人息子、史進だ。史進は武芸道楽。旅武芸者を屋敷に泊めてもてなし、武芸を習ったりしていた。多くの旅武芸者から武芸を習い覚え、また背中には九紋龍の刺青を入れていた。

九紋龍は九枚鱗の龍説と九頭龍の説がある。九頭龍では一匹がミミズくらいの大きさになってしまい迫力がなかろうというのが九枚鱗説だが、筆者所持の中国版水滸伝の挿絵には九頭龍の刺青が多い。

王進は史進の稽古ぶりを見て、思わず、「なかなからまいが隙がある」と言ってしまった。見知らぬ男に馬鹿にされたと思った史進は王進に勝負を挑むが、相手は禁軍の武芸師範、田舎の道楽武芸で歯が立つわけはない。さんざんに打ち負かされた。

そこで、史進は王進に改めて武芸の教授を願った。

半年が過ぎた。王進は武芸十八般を初歩から奥儀まで史進に教えた。史進もよく稽古し、立派な腕前となった。王進の母の病も癒え、王進は旅立つことになる。

史進の父は成長した史進を見て一安心と息を引き取った。

「ノート3」好きこそものの上手なれ

同様に名主の息子ながら、武芸道楽の史進。決して武官として身を立てようという気はないのに稽古に勤《いそ》しんだ。その結果が王進との出会いとなる。

　日々の努力の結果がチャンスに結びつくのである。


　さて、その頃、史家村の近くの少華山に三人の叛徒が六百人の手下と棲みついていた。一の頭は朱武《しゅぶ》といい、双刀を使うが腕はたいしたことはない。しかし、兵法に通じた策略家である。二の頭、陳達《ちんたつ》は点鋼鎗《てんこうそう》を使う力持ち。三の頭、楊春《ようしゅん》は大桿刀《だいかんとう》の使い手。彼らが華陰県を攻めるには史家村を通らねばならない。しかし、史進の武術の腕を知る朱武は史家村がある以上、華陰県以外の県を攻めようと言った。しかし、陳達は単身で史家村を攻めた。史進は簡単に陳達を打ち負かし捕らえた。

　朱武は楊春と二人で史家村へやって来て、史進に降伏をする。

「我々は生まれた時は別々だが死ぬ時は一緒と誓った義兄弟だ。どうか三人一緒に首を刎《は》ねてくれ。あなたの手に掛かるなら決して怨みはいたしません」

　これを聞いた史進は、朱武らの義侠心に感心し、「彼らを殺したり役所に突き出せば世間のもの笑いになる。虎は腐った肉は食わぬものだ」と、三人を許した。

　これは朱武の策略であったが、朱武にしてもこうまであっさりと自分たちを許した史進の義侠心に感嘆した。このことから、史進と少華山の三人は親しく付き合うようになった。

［ノート4］朱武の策略

陳達を助けるために、たとえば、少華山の全軍で史家村を攻めるという手もあった。しかし、史進がいるため、負けるリスクもある。たとえ勝ったとしても兵たちの犠牲は大きい。朱武らの目的は陳達を助けることで、史家村を攻め滅ぼすことではないのだ。

そこで史進の義侠心に訴えるという策略を用いた。史進が好漢に憧れていること、お坊ちゃん育ちで甘いことなど、朱武はある程度の情報は仕入れていたのだろう。

勿論三人並んで首を刎ねられるというリスクもあるのだが、この場合、陳達を助けるという目的のための、一番リスクの低い方法として、泣き落とし作戦を用いたのだ。

現代では泣き落とし作戦なんぞは勿論通用しないが、正面から攻める以外の策略はいろいろあるだろう。

ようは目的を最小のリスクで達成する、それが戦術である。

ある秋の日、史進は月見の宴に朱武ら三人を招いた。ところが屋敷を役人が包囲した。使用人の李吉が役人に訴人をしたのだ。

三――魯達《ろたつ》、拳で鎮関西《ちんかんせい》を打つ

史進、朱武、陳達、楊春は屋敷に火を放ち、役人の中に斬り込んで退路を開き、少華山へ逃れた。史進は延安府の王進を頼ると言い、朱武らと別れて旅に出た。

史進は半月ほど歩き、渭州《いしゅう》の経略府（軍事基地）に来た。ここで史進は、土地の守備軍（領主の私設軍）の下士官、魯達と会い挨拶を交わし、酒を呑もうという話になった。たまたま人を集めて膏薬を売っていた旅武芸者が、史進が最初に武芸を習った師匠の李忠《りちゅう》であった。三人は居酒屋へ行った。

すると隣座敷で女の泣き声がした。女の泣き声のする所で酒なんか呑めるかと怒る魯達だが、泣いている娘と父親に話を聞くに、娘の名は金翠蓮《きんすいれん》、元は開封の音曲師で流れ流れて渭州に来たが、悪徳金貸しに謂《いわ》れなき借金を背負わされて困っているという。悪徳金貸しは誰かと聞けば、鎮関西と名乗って幅を利かせている肉屋の鄭《てい》だという。

魯達はそれなら俺がなんとかしてやろうと言い、史進と李忠に銭を出させ自分もいくらか出し金翠蓮に与え、あとはなんとかするから逃げるように言う。

李忠は膏薬売りをしているくらいだから銭などなく、わずかしか出せなかったため魯達にバカにされてしまう。

金父娘を逃がし、さらに酒を呑んだ魯達は史進と李忠を居酒屋に残し、一人肉屋に乗り込み、鎮関西の鄭をさんざんからかった揚句、怒って襲いかかって来た鄭に拳固三発をおみまいした。するとと鄭は当たりどころが悪かったのか死んでしまった。

魯達は面倒なことになるのは御免だと、逃げてしまう。魯達が人を殺したと聞いた史進と李忠も関わりになると面倒だと素早く街をあとにした。

魯達は半月ほどあてもなく歩き回り、代州雁門県《だいしゅうがんもんけん》という街に来た。そこで高札が立って人が集まっていたのを、なんだろうとのぞき見た。それが自分の手配書とも知らずに。

「ノート5」魯達は何故金父娘に銭をめぐんだか

魯達の目的は悪徳金貸しの鎮関西を懲らすことではなかった。

魯達の一番の目的は、金父娘を助けることにあった。借金の件が片付いても狭い渭州では居辛くなる。また万一にも話がつかない場合もあるかもしれない。そうなれば金父娘に余計な危難が及ぶ。だから、とっとと金父娘は逃がしてしまうが得策と考えた。それで、自分も出すが、史進や李忠にも銭を出させ、金父娘に逃走資金を与えたのだ。

鎮関西を殴り殺したのは、結果がそうなっただけの話。怒りにまかせただけ。おかげで、金父娘も史進も李忠も関係者全員が追われることとなる。思慮深いのか軽率なのか、ここらが魯達という男の不思議なところだ。

四――魯達は剃髪し、魯智深《ろちしん》となる

自分の手配書の高札を見ていた魯達。実は魯達は字が読めなかった。それを救ったのは金翠蓮の父だった。あれから金翠蓮は雁門県で土地の金持ちの趙員外《ちょういんがい》に見初められ妾となって幸福に暮らしていた。

趙員外も魯達を恩人として歓迎した。魯達は七宝村《しちほうそん》の趙員外の屋敷で五、六日過ごした。役人の詮議が厳しいという話を聞いた趙員外は魯達にある提案をする。それは近くに五台山という霊山がある。ここの文殊院《もんじゅいん》で出家をしてはどうかというのだ。この時代、出家をしてしまえば治外法権で、現世で起こした犯罪を問われることはなかったのだ。幸い趙員外は文殊院の檀家で随分寄進をしているため、趙員外が頼めばたいていのことは聞いてくれた。魯達もこのまま行く当てのない逃亡の日々を送るより僧侶になるのもよかろうと、出家を承諾した。

文殊院の智真老師《ちしんろうし》は名僧で、魯達を見るに、「いまは乱暴者だがのちに非凡な悟りを開く」

と言った。魯達は剃髪し、智真老師の一字をもらい「魯智深」と名乗ることとなった。

しかし、頭を剃り魯智深と名を変えても、それまでの性格までそう簡単には変わらない。何より辛いのは日に三升は呑んでいた酒が出家の掟で呑めないことだ。しきりに酒のことを考えて日々を送っていたら、ある日酒売りの男が桶を担いで山を登って来るではないか。僧侶以外の寺の事務方や雑役夫たちが呑む酒を運んできたのだが、魯智深は酒売りを暴力で脅して酒を奪い取って呑んだ。久々に呑んだのと、桶二杯の量に流石《さすが》の魯智深も酔っ払い、門番や役僧をぶん殴り、おおいに暴れた。流石に智真老師に怒られておとなしくはなった。

三、四ヶ月はおとなしくしていたが、ある日、山の麓に村があることを発見、そこには鍛冶屋もあり酒屋もある。早速出掛けて、まず鍛冶屋に禅杖《ぜんじょう》と戒刀《かいとう》を注文した。そして、酒屋へ

趙員外、文殊院を訪ねる

行き酒を呑み肉を食らった。

酔って山へ戻ったら案の定、門番たちは門を閉めて魯智深を入れまいとする。怒った魯智深は門の金剛像をぶち壊し、寺に入ってからも暴れるだけ暴れた。

流石に智真老師も他の僧侶たちからの苦情を受け入れずにはいられなくなった。そこで魯智深に開封の大相国寺へ行くよう命じた。早い話が五台山を追放されたのだ。

「ノート6」魯智深は何故武器を作ったか

いつかは寺を追われることを予見していたわけではあるまいが、やはり魯智深は根っからの武人なのだろう。

鍛冶屋があった。とりあえず自分にあった武器が欲しい。僧形であるから、普通の槍や太刀は使えない。そこで禅杖と戒刀をあつらえた。

魯智深は最初「百斤の禅杖」と注文するが「重過ぎて使えない。六十斤がよろしかろう」と言われる。一斤は約六〇〇グラム。六十斤では三六キロ。槍と違い、叩いて一撃で相手を殺傷するにはそのくらいの重さも必要ということか。

自分にとって最良の武器を持つことは武人にとっては必要なことである。しかも僧侶という形にもこだわった武器をである。

僧侶なのに必殺の禅杖というのはいかがなものかとも思うが。

五――花和尚《かおしょう》、桃花山《とうかざん》を騒がす

智真老師は魯智深に次の詩を与えた。

「林に遇って起ち　山に遇って富み　水に遇って興り　江に遇って止まる」

魯智深は麓の村の鍛冶屋で禅杖と戒刀を受け取り、旅に出た。

半月ほど旅をするとある村で日が暮れた。大きな屋敷があったので泊めてもらおうと宿を乞うと、取り込みがあって泊められないと言われた。魯智深は「自分は五台山の智真老師の弟子だ」と言うと屋敷の者の態度が変わった。劉太公《りゅうたいこう》という屋敷の主人が出て来て魯智深をもてなした。

実は屋敷の難儀とは、近所の桃花山に山賊が住み着き、その二番目の頭の周通《しゅうとう》という男が、劉太公の娘を寄越せと脅しているという。その周通が今夜来ると言うのだ。

魯智深は自分が説得をして周通を追い返してやると言い、娘を逃がして、自分が娘の寝所に入った。

何も知らない周通はのこのこやって来た。周通が寝所に入ると、待ってましたと魯智深、ポカポカポカ。周通はあわてて逃げてしまった。

驚いたのは周通もだが劉太公もだ。桃花山には五百の賊がいる。必ず仕返しに来る。案の定、賊が仕返しにやって来た。魯智深は闇の中で山賊の一の頭と対峙、すると相手がいきなり平伏した。なんと山賊の頭は渭州で別れた李忠だった。李忠はたまたま通り掛かった桃花山で周通に乞われて頭になったのだという。

魯智深は周通に劉太公の娘をあきらめることを約束させ、李忠に乞われて桃花山へ行く。ところが、相変わらず、李忠は金銭面でセコい。周通も似たようなもので、しばらく逗留する魯智深だが、二人のケチぶりにあきれてしまい、ある日、二人の留守にとんずらをする。

魯智深はまた開封にむかって旅をするが、ある寺の前にやって来た。

六――魯智深、九紋龍と再会、瓦罐寺《がかんじ》に暴れる

瓦罐寺という寺は、崔道成《さいどうせい》、丘小乙《きゅうしょういつ》という二人の悪党に乗っ取られていた。魯智深は二人と戦うが、二対一で、とにかく腹が減っていたので劣勢になり、一度は逃げる。

赤松林まで逃げて来たところで、今度は追剝《おいはぎ》と出会う。追剝はあの史進、路銀を使い果たして、仕方なく追剝をはじめたところだった。二人は再会を喜び、瓦罐寺へ戻ると、崔道成、丘小乙をぶち殺す。捕らわれていた僧侶やさらわれて来た女たちは自害したあとだった。

史進は少華山を頼ると言い、二人は別の道をゆく。

魯智深は開封の大相国寺に辿り着く。智真老師の手紙を見た大相国寺は、たいへんなものをおしつけられたと困惑するが、毒をもって毒を制するの言葉もあると、魯智深を寺領の野菜畑の番人に任じる。最近、野菜畑にならず者たちが住み着いて、寺でも困っていたところだった。

寺から役僧が来ると聞いたならず者たちは、魯智深に酒を呑ませて油断をさせて、糞溜に突き落としてやろうと待ち構えている。

七——豹子頭林冲《ひょうしとうりんちゅう》、誤って白虎堂《びゃっこどう》に入る

ならず者は、過街老鼠《かがいろうそ》の張三《ちょうさん》、青草蛇《せいそうだ》の李四《りし》といったが、逆に魯智深に糞溜に蹴り落とされる。張三の子分たちはもう何も言えない。魯智深は、張三、李四に池で体を洗うよう言い、番人屋敷へ連れてゆく。張三、李四は土地の者で、寺領をいいことに野菜畑で博打場を開いた

りしていた。魯智深はそんな連中の親分に奉られた。

柳の木に巣くう烏がうるさいと聞いた魯智深は柳の大木を軽くひっこ抜いたので、張三たちは驚く。張三たちは酒を買い、翌日は魯智深が酒を買い、毎日酒盛りをして過ごした。

[ノート7] 魯智深の部下掌握術

魯智深の部下掌握術はすなわち「拳」だ。圧倒的な力の差を見せつけて相手を服従させる。糞溜に蹴り落とし、柳の木をひっこ抜いて逆らえば次はお前の首をひっこ抜くと示し、六十斤の禅杖を軽々ふりまわして見せれば、たいていの奴は恐れて言うことをきくはずだ。果たしてそうか。

魯智深は相手を力で制そうなどとは微塵も考えてはいないだろう。むしろ、張三、李四らならず者たちとも対等に接しているのだ。張三、李四らが魯智深を糞溜に突き落とそうとした。落とされてはたまらんから、逆に二人を糞溜に蹴り落とした。もしも張三たちが魯智深を殺そうと刃物でもふりまわしたら、まとめて脳天を叩き割って地獄に送っていただろう。鎮関西を殴って殺したのも、魯智深は死ぬとは思わなかったようだが、その実、鎮関西が肉切り包丁を手に襲ってきたのを防戦したのだ。鎮関西は魯智深を殺す気だったから殺したのだ。

酒をふるまわれたから、ふるまい返す。「親分」と頼られたから「子分」と面倒を見る。それだけだ。

柳の木の上に巣を作った烏がうるさいので巣を除去しようとしたが、面倒臭いから木ごとひっこ抜いた。武術の腕を見せてほしいと頼まれたから、禅杖をふりまわした。すべてが自然にやっているだけのことだ。

自然が板についているから、張三たちは「親分」と慕い、林冲とは義兄弟となり、のちには、楊志《ようし》や武松《ぶしょう》とも親しくなって、自然な形で二龍山《にりゅうざん》の頭領となった。

無茶もやるが、男気がある。それが自然だから、部下がついてくるし、いい友も出来る。○術なんて関係ない。人と人との繫がりは自然が一番だ。人は一人では生きられない。誰かと繫がるなら、打算のない自然な繫がりが一番なのだ。

ある日、魯智深が張三たちの前で禅杖の技を見せていると、足を止めた武芸者がいた。武芸者は、禁軍武芸師範の林冲。二人は意気投合して義兄弟となった。

林冲の妻が街中でならず者たちに襲われた。林冲が駆けつけならず者の親分格の若者を殴ろうとしたところ、若者はなんと、禁軍司令官、高俅の養子だった。高俅の力を笠に無法をふりまくところから花花太歳《かかたいさい》（女たらし疫病神）と仇名されている奴だ。林冲は高俅に睨まれては面倒だと養子を許す。

一方の養子は、折角見初めた女をあと一歩でものに出来るところを林冲に邪魔されて面白くない。屋敷でふて寝をしていると、下級官吏でおべっか使い、乾鳥頭《かんちょうとう》（しなびたおちんちん）という仇名の富安《ふあん》が訪ねて来た。

しばらくして、林冲の家に友人の陸謙《りくけん》が訪ねて来る。二人は妓楼へ行き酒を呑み、林冲は友人ということもあり、陸謙に高俅の養子の一件を話す。そこへ女中が駆け込んで来る。なんと、妻のところに林冲が陸謙の家で倒れたという使者が来て、行ってみると、そこに高俅の養子がいて軟禁されたという。林冲はあわやのところで駆けつけると、高俅の養子は逃げてしまう。陸謙もぐるだった。林冲は怒りにまかせて陸謙の家を目茶目茶にして引き上げる。

高俅の養子は寝込んでしまい、陸謙と富安はことの次第を高俅に訴える。林冲は魯智深と会い、酒を酌み交わしていると、ある日、見知らぬ人から、金に困っているので名刀を破格の安値で売りたいと持ちかけられ、買うことにする。すると、高俅の使者が来て、手に入れた名刀を見たいと言う。上司の命令であるから、林冲は帯刀して禁軍司令部へ行く。給仕に通された部屋は白虎堂。禁軍司令部の作戦室だ。一介の軍人が帯刀して入っていい部屋ではない。そこへ二十名の兵士が現われ、林冲は拘束された。

八——林冲、滄州《そうしゅう》道で命を狙われる

白虎堂に帯刀して入った林冲は叛逆罪で裁かれた。
孫定《そんてい》という孔目《こうもく》（裁判官）が正義の人だった。孫定の上司は高俅から林冲を死罪にするよう
に命じられていたが、孫定は「国家は高司令官の私物ではない」と言い、白虎堂に入った罪は
罪であるから、流罪が妥当であると言う。
林冲は滄州へ流罪と決まる。林冲は妻のことを舅に託し、別れを惜しんで旅立つ。
一方、陸謙は護送役人の董超《とうちょう》、薛覇《せっぱ》を訪ね、道中で林冲を亡き者にして欲しいと頼む。
道中、董超、薛覇は林冲をさんざんいたぶり、人気のない野猪林《やちょりん》に来た時、林冲を木に縛り、
棍棒を林冲の頭にふりおろそうとした。

九——柴進《さいしん》、天下の客をもてなす

董超、薛覇が林冲の頭に棍棒をふりおろそうとした時、魯智深が割って入る。

魯智深は董超、薛覇を殺そうとするが、林冲は止める。というのも、林冲は滄州牢城へ行けば、いつかは恩赦があり、妻の待つ開封に戻れると思っていたからだ。魯智深はまた二人がよからぬことをしでかさないよう、滄州まで送ってゆく。

魯智深と別れた後、林冲らは滄州の分限者《ぶげんしゃ》で、大周帝の末裔、柴進の屋敷に立ち寄り、もてなしを受ける。

そこへ洪という武芸者が来る。林冲が挨拶しても返礼もせず、上座を譲れば黙って座し、柴進に「流罪人に酒などふるまう必要はない」と言い、「腕もないのに武芸師範などと名乗る奴がはびこるのだ」と非難する。柴進は、「ならば二人で試合をしてみては」と言うが、林冲は柴進の武芸の師匠でもある洪に恥をかかせることになるので拒む。ますます洪が嵩に

魯智深、野猪林を騒がす

掛かる、柴進は林冲が自分に遠慮をして試合をしないのだとわかったので、「たって試合が見たい」と言う。そうして、林冲と洪は試合をするが、林冲は苦もなく洪を打ち負かす。

柴進は牢城で生き残るためには牢役人への賄賂しかないと教え、林冲に金を持たせる。林冲は柴進よりもらった金をそのように使い、苦役から逃れ、天主堂の堂守という役に就く。

林冲は滄州で、ある人物と会う。

「ノート8」顔が広いという特技

現代においても人脈というのは重要である。顔が広いというのは、立派な特技。特技どころではない、人脈こそがいろいろなことを動かすキーでもある。

では、人脈はどうやって築けばよいのだろうか。パーティや会議やセミナーや、いろんなところに顔を出して名刺を配りまくるというのは一つだ。だが、よく考えてみると、たくさん集めた名刺の一人一人が、顔と名前が一致するわけではない。誰だか知らない人の名刺を何百枚集めたところで何もならない。それは相手も同じことだ。たとえば、業界の有名人と名刺交換出来たとしても、その人の知り合いになれたわけではない。名刺交換をして、その人とより深く知り合いたいと思ったら、後日に手紙を書いたりメールを出したりするのが普通だ。いまならSNSで繋がるというのもあるのかもしれない。何にしろアフターケアが大事だ。

いや、それ以上に自身の印象を高める何かがあることが重要だ。「水滸伝」では、柴進や宋江はかなり顔が広い。会ったこともない人たちからも「是非一度お目に掛かりたい」と言われている。そうとうな人脈を持っている。

柴進や宋江は旅人をもてなす。一宿一飯ということだが、それが並のもてなしでなく、心遣いの行き届いた「もてなし」だということだ。柴進や宋江は財産があったから出来たことだが、金がなければ簡単に「もてなし」は出来ない。いや、金をかければ「もてなし」が出来るわけでもない。

講談「清水次郎長伝」の尾張の勝五郎は金がなくても次郎長をもてなした。ようは心意気だ。心意気と心遣いが肝心。そういう「もてなし」を受けた者は、絶対に忘れないし、「あの人はいい人だ」とあちこちで噂話をする。楽しかったことは他人に話したくなるものだ。ようは楽しくなるような人間であることが、噂話にもなるし、人脈を広げることにも繋がるのだ。

【ノート9】おべっか使い

「おべっか使い」などというのは、ある意味悪口だ。だからと言って、「おべっか」が悪いかというと、そんなことはない。おべっかで相手の気分がよくなるのなら、一つの人間関係構築の手段である。「おべっか使い」を悪口として用いるのは、能力がないのに「おべっか」で出世した者に対する悪口だが、出世に繋がるほどの「おべっか」なら、もう立派な特技であろう。

「水滸伝」にも何人かの「おべっか使い」が出て来る。

まずは乾鳥頭の富安だ。高俅の若様に取り入り、若様が林冲の美人妻に恋慕していると知るや、陸謙と計って林冲を罠に掛けた。

富安は「おべっか使い」が仕事のような奴だ。下級官吏という地位にあり、役所のいろいろなところに出掛けて行き、おべっかを言ったり、ちょっとした口利きをしたりして糧を得ていた。その富安が司令官の若様のところへお出入りが叶う。そら、多少は、いや、かなりダーティなことでも平気でするのはわからなくはない。「おべっか使い」でわずかな銭をもらって日々を過ごしていれば問題はなかったが、欲張ってダーティなことに手を染めたのは富安が身の程を知らなかったのかもしれない。

董超、薛覇は刑事局の下級官吏。彼らは「おべっか」というよりは金で転んだ。林冲の親類からも相応の心付けはもらっていたが、より多くの金を陸謙からもらってしまった。金で転ぶ、あるいは地位が上の者には逆らえない。官吏とはそういうものなのかもしれない。林冲もそれがわかっているから、自分を殺そうとした二人を許したのだ。

林冲も一応の「おべっか」は使える。柴進の屋敷で、柴進の武芸の師匠である洪に上座を譲り慇懃に挨拶をしている。柴進が二人の試合を見たいと言っても、洪に恥をかかせてはいけないと拒んでいる。しかし、林冲の態度が柴進への気遣いだということは柴進はお見通し。林冲も「おべっか」の心得はあれど、腕前の程はたいしたことはなかったということだ。

十――林冲、刺客を斬る

林冲が滄州で会ったのは、開封で武芸の弟子だった李小二《りしょうに》だった。李小二と女房は林冲の面倒を見てくれた。しばらくして、李小二から陸謙が滄州に来ているという知らせを受ける。

林冲は滄州城外のまぐさ置き場の番人を命じられる。微罪の懲役人の役で、一日番小屋でぶらぶらしていればいいという役だ。柴進の賄賂のおかげだと思ったが、これが陸謙の罠だった。牢城内では番卒に柴進の賄賂が行き渡っているので手出しが出来ない。陸謙と富安は、まぐさ置き場に火をつけて林冲を焼き殺そうと考えた。

夜、林冲は酒を呑みに出掛け戻って来ると、雪で番小屋が潰れていた。仕方なく近くの山神廟で寝ることにする。しばらくして音に目を覚まし外に出ると、まぐさ置き場が火の海だった。そして、声がした。「あの火では林冲も生きてはいないだろう」

声の主は陸謙。富安と、他にいるのは滄州牢城の役人、陸謙たちの仲間だ。林冲は三人をその場で斬り殺し、逃亡する。

十一――林冲、雪の夜に梁山に登る

林冲は柴進の屋敷に逃れ、ことの次第を話す。すでに滄州では、林冲が役人を斬り、まぐさ置き場に放火をして逃亡したとして手配がなされていた。

柴進は林冲に、山東の梁山泊に行くことをすすめる。梁山泊には、落第書生（科挙に落ちた知識人くずれ）の王倫《おうりん》を頭領に、杜遷《とせん》、宋万《そうまん》という豪傑がいて、叛徒として要塞を築いている。王倫と杜遷はかつて柴進の屋敷の食客で、いまでも柴進とは手紙のやりとりをしている。ほとぼりが冷めるまで、梁山泊で匿《かくま》ってもらえばよいと言う。林冲はならば自分も緑林の徒として残りの人生を送ろうと考え、梁山泊の仲間入りを考える。

林冲は十日ほど旅し、雪の中、一軒の居酒屋に辿り着く。この居酒屋は朱貴《しゅき》が管理する梁山泊の見張り所だった。

その晩は朱貴と酒を酌み交わし、翌朝、朱貴が梁山泊へ響箭《きょうせん》（知らせの鏑矢《かぶらや》）を放つと舟が迎えに来たので、二人は要塞へと渡った。

王倫は狭量な人物だった。自分よりも能力が上の林冲を仲間にしたら、いまに頭領の地位を乗っ取られる。そこで無理難題を言って追い払おうと考える。梁山泊は山賊の巣窟。山賊になるという証《あかし》に、旅人の首を一つ、三日以内に持って来い、これが林冲に課せられた梁山泊への入山の条件である。

林冲は街道で旅人を待つが、適当な旅人が通らない。ここで林冲はある男と出会う。

［ノート10］入社試験

梁山泊は王倫の時代は叛徒というよりも山賊の巣窟だったようだ。朱貴は金のありそうな旅人が来ると響箭を放ち、杜遷らが襲って金品を奪う。旅人が一人二人なら、朱貴がしびれ薬入りの酒を飲ませ、金品を奪い、死体は挽肉にして饅頭の具にし、脂は照明に使った。

そういうところに仲間入りしようと思ったら、罪咎のない旅人を平気で殺せなくてはならない。だから、林冲の入山試験は旅人の首になる。武芸者だから、向かって来る敵は倒せても、逃げる敵や、許しを乞う者の首を刎ねることはなかなか出来ない。だが山賊になる以上は、そうしたことも出来なくてはいけない。

やがては梁山泊は、山賊から叛徒に変わってゆき、正義の旗が掲げられるが、この時点ではまだ山賊だ。だから山賊なりの入山試験があったのだ。

もっともこれは王倫が林冲を入山させたくないための無理難題であったのだが、林冲もこの時点では反発せず従い旅人を物色する。

ある意味、入社試験というものにも、会社の「色」は出る。会社はその試験を最低はクリア出来る人材が欲しい。人事の意味合いを色濃く見せるのが入社試験かもしれない。

十二――楊志、東京で刀を売る

林冲は梁山泊の麓の街道で、楊志という旅人と刃を交えるが、互角の腕で勝負がつかない。王倫が二人を分ける。

王倫は二人を梁山泊に入れ、競わせて、二人とも潰してしまおうと目論む。

楊志はもともと武官で、皇帝の集めている庭石、花石綱を輸送する任務に就いたが船が転覆、責任を問われるので出奔した。今一度、開封にて仕官の道を模索しているのだと言い、王倫の誘いを断わり旅立つ。

林冲は、入山を許され、杜遷、宋万の下、第四席の席順が与えられる。

「ノート11」席順

「水滸伝」にはよく席順が出て来る。ようするにランク付けである。

最終的に百八人の席順は、第七十一回で出て来る石碑文によって決められる。席順は百八人が星だった時に決まっていたのだ。だから、朱富《しゅふう》と李雲《りうん》、侯健《こうけん》と薛永《せつえい》のように、師弟で弟子が席順が上になったりもする。杜遷と宋万もずっと杜遷が上だったのが石碑文で宋万が上になる。それでも宿命であるから、誰も文句は言わない。だが一般的には席順の上下で文句を言う人は必ずいるのだ。

現代社会で席順を気にする人は実は案外多い。うっかり上座に座って怒られたり、下座に座ったら「あなたがそこに座ったら他の人が座れなくなる」と言われることもあったりする。宴会や会議の席順で、その場の雰囲気を読むことはままあるのだ。

席順でなくても、たとえば葬式の花輪の位置とか、案内状の名前の位置とか。役職や肩書きで相手を値踏みすることはある。

梁山泊が席順で揉めたのは、宋江と盧俊義のどちらが第一席に着くかくらいで、これは単に席順の問題ではない。

王倫が林冲を第四席にしたのは、林冲への牽制である。ようするに王倫が狭量だっただけだ。もしも王倫が林冲を第二席に着かせ、副頭領として頼りにしていたら、王倫は悲惨な死に方をせずに済んだのかもしれない。

細かな席順はどうでもいい。ようは、その組織、グループの中で、どれだけ重要視されているか。その一つのバロメーターとしての席順はあるのだろう。

開封に着いた楊志だが、ふたたび仕官を求めた上中書は高俅の怒りを買った。賄賂で金は使い果たした。仕方なく宝刀を売ろうとしたが、やくざに因縁をつけられ、誤ってやくざを殺してしまう。楊志は捕らわれ死刑囚の牢に入れられるが、やくざが嫌われ者だったため住人の嘆願で罪は減じられ、北京大名府に兵卒として送られることとなった。

北京大名府の行政官、梁中書《りょうちゅうしょ》は人を見る目のある人物だった。梁中書は楊志を抜擢したいと考えたが、人を殺して流されて来た者を早々には抜擢できない。そこで武術大会を開くことにする。

十三——急先鋒と青面獣、北京に武を戦わす

楊志は武術大会で、守備隊兵士の周謹《しゅうきん》を倒し、索超《さくちょう》と互角の戦いを繰り広げる。梁中書も感心し、北京大名府の武官たちは喝采を贈った。かくして、梁中書は勝負を引き分けとし、二人に褒美を与えた。そして、二人を梁中書の私設軍の隊長に任じた。

梁中書は楊志に目を掛けて重く用い、索超も楊志に敬意を払った。楊志も梁中書に忠実に仕

え、一年が過ぎ、五月になった。

梁中書は毎年、開封の宰相で、妻の父でもある蔡京の誕生日に、誕生祝（生辰綱《せいしんこう》）の名目で十万両の賄賂を贈っていた。十万両は、梁中書が北京大名府の庶民から搾取したものである。その生辰綱がいつも山賊に奪われるので、困っていた。

その頃、山東鄆城県の役所では、知事の時文彬《じぶんひん》が捕吏の朱仝《しゅどう》と雷横《らいおう》を呼び出し、賊徒の警戒を怠らぬよう命じる。雷横は東渓村の入口の霊官殿で酔って寝ていた大男の劉唐《りゅうとう》を捕らえ、名主の晁蓋《ちょうがい》のもとへ連行する。

十四——晁天王、東渓村に義を結ぶ

晁蓋は雷横に酒をふるまい、その間に宙吊りにされている劉唐と話をする。劉唐は晁蓋を義侠心のある人物だと聞いて、儲け話を持って来たと言う。晁蓋は劉唐を甥だということにし一芝居打ち、雷横を帰らせる。

劉唐が晁蓋に持って来た儲け話とは、生辰綱の輸送部隊が東渓村の近くを通るので、一緒に強奪しようという話だ。それを聞いて晁蓋はおおいに喜び、とりあえず劉唐に休むよう言う。

落ち着くと劉唐は、雷横に縛られて吊るされたことに腹が立ってきた。雷横を追いかけて勝負を挑む。受けて立つ雷横だが、一対一では劉唐が優勢になる。雷横の部下たちが加勢しようとした時、止めに入った学者風の男がいた。近くで寺子屋の先生をしている呉用だ。そこへ晁蓋もやって来て、劉唐と雷横はようやく刀を収める。雷横は帰り、晁蓋、呉用、劉唐は晁蓋の屋敷へ戻った。

晁蓋はその前の晩、北斗七星と小さな星が屋敷に落ちて来る夢を見た。そこへ劉唐が来たのは何かの吉兆ではないかと言い、いま、呉用のところへ相談に行くところだったと言う。呉用はいい話だが、生辰綱を奪うには七、八人の者が必要だと言う。まさしく北斗七星と小さな星で八人ではないか。そして、呉用は仲間にする人物に心当たりがあると言う。

「ノート12」軍師

梁山泊の軍師、呉用の登場である。

呉用を語る詩は、「万巻の経書かつて読過し、平生機巧心霊なり。六韜三略《りくとうさんりゃく》を究め精しく、胸中に戦将を蔵し、腹中に雄兵を隠す。謀略は諸葛孔明を欺く、陳平《ちんぺい》才能を敵せんや。略が小計を施せば鬼神も驚く、字は呉学究《ごがっきゅう》と称し、人は智多星《ちたせい》と呼ぶ」とある。

儒学や兵法の本をたくさん読んでいるから、戦闘のことなら任せなさい。諸葛孔明も欺き、陳平なんて敵じゃない、鬼神も驚く……、でもこの時はただの寺子屋の先生。兵書を究めても、生徒は子供だから読み書きくらいしか教えてない。だけど、晁蓋からは信頼を得ていた。

劉唐が持ちかけた、生辰綱を強奪しようという話はあきらかに犯罪だ。そら、庶民を搾取して得た金を、さらに賄賂に使おうっていうのは許せん、盗んじまえ、という気持ちはわからなくはないが、晁蓋は名主だ。犯罪を取り締まる立場だ。強奪の戦術以前に、名主の身分で強奪なんていうことをやらかした時のリスクをまず考えるべきだった。リスクを提示出来て、はじめて優秀な軍師のはず。一緒になって「吉兆だ」と言っているのはヤンチャ過ぎる。

軍師がリスクを示し、そういうリスクがあることをわかった上で、それでもやるというなら、その時に戦術の話になるのが普通だろう。そのあたりは物語である。

それでもやろうと決めて、その作戦を委ねる相手が呉用。戦略を委ねる軍師がいるというのは、やはり、強みだ。

十五――呉学究は三阮《さんげん》を説く

呉用は石碣村《せっけつそん》へ行き、漁師の阮小二《げんしょうじ》、阮小五《げんしょうご》、阮小七《げんしょうしち》の三兄弟と会い、生辰綱強奪の仲間とする。呉用は阮三兄弟を晁蓋の屋敷へ連れてゆき、晁蓋、劉唐と会わせ、生辰綱を奪い、民から搾取する悪辣な梁中書に一泡ふかせてやろうと誓う。

そこへ一人の道士が訪ねて来る。道士の名は公孫勝《こうそんしょう》。公孫勝も晁蓋に生辰綱強奪の話を持って来たのだ。

十六――呉用、生辰綱を智取する

晁蓋、呉用、劉唐、阮小二、阮小五、阮小七、公孫勝と北斗七星が揃った。公孫勝が生辰綱が通る道を知っていたので、黄泥岡《こうでいこう》がよかろうと呉用は言い、その日までとりあえず、阮三兄弟は石碣村に戻った。

一方、梁中書の夫人、すなわち蔡京の娘は、生辰綱の輸送の指揮を、日頃から梁中書がその腕前を褒めている楊志にやらせればよいと言うので、梁中書はおおいに喜ぶ。

楊志は荷車で隊列を仕立てて行けば山賊に襲われるから、秘かに十数名ほどで荷を担いで行くべきだと言う。梁中書は「もっともだ」と言い、屈強な兵十数名を選んで北京大名府を旅立った。

季節は五月、暑い中の行軍で、兵たちは疲れていたが、ゆっくり進んでは山賊に襲われるので、楊志は兵たちを過酷に急がせた。休むことも許されず、音《ね》を上げる兵士を楊志は鞭打った。兵士たちの不満が募った。

そして、黄泥岡に差しかかった。兵士たちはもう一歩も動けないと言う。そこには七人の棗《なつめ》売りの商人が休んでいた。そこへ酒売りが酒の瓶を二つ担いでやって来た。商人たちは酒を買って飲みはじめた。兵士たちが酒を買おうとしたので、楊志は「しびれ薬入りの酒かもしれない」と酒を買うことを許さなかった。商人たちは一瓶を飲み干し、もう一つの瓶も買おうとしたが酒売りは「売れない」と言う。そこで一人が椀を入れて盗み飲みしたので、酒売りが怒った。怒っている隙にもう一人が盗み飲みしようとしたので、酒売りは椀を取り上げた。これを見た兵士たちは、二つ目の瓶にもしびれ薬が入っていない、「飲ませろ」と言い出した。酒売りは「しびれ薬が入っている」とケチをつけられたから売りたくないと言うが、商人たちがとりなしたので酒を売る。兵士たちは酒を飲み、誰も倒れる者がいなかったので楊志も一口飲んだ。だが、しばらくすると、ばたばたと兵士たちが倒れ出し、楊志も体が動かなくなった。商人たちは生辰綱を棗の荷車に乗せて、黄泥岡をあとにした。この七人の棗売りこそ、晁蓋ら七星で、酒売りは呉用の知り合いの白勝《はくしょう》だった。

最初に盗み飲みしたのが劉唐、次に盗み飲みしようとしたのが呉用で、取り上げられた椀の中にしびれ薬が入っていたのだ。楊志は少ししか酒を飲んでいなかったので、すぐに体が動いたが、もうあとの祭り、そのままふらふらと一人、黄泥岡を下って行った。

「ノート13」人を使うということ

短期で成果を出そうと思えば、どうしても部下を過酷に使ってしまうことはままある。まさに生辰綱輸送の楊志がそれだ。勿論、兵士たちもそれなりの報酬は得ているのだろうが、梁中書に見込まれて抜擢された楊志とでは、任務に対する使命感が違うのだ。人を使うというのは、そこのところを考えなければいけない。

呉用、生辰綱を奪取する

同じ目的意識があれば、多少は無理も利くだろうが、上司の手柄が必ずしも部下の手柄にはならない環境で、「俺のために頑張れ」と言われても、普通は納得がゆかない。日本人はわりと、自分の手柄でなくても「会社のため」と思って頑張ってしまうが、現代は働き方やライフスタイルが違っている。そこらへんを視野に入れて、部下の尻を叩くだけでは成果は出ない、ということを頭に入れておくことは重要である。

十七――花和尚と青面獣、二龍山を奪う

生辰綱を奪われた兵士たちは、失態を責められることを恐れ、楊志が賊の一味であると報告した。

楊志は一人ふらふらと半日歩き、ある居酒屋に辿り着いた。一文無しだが、くたくたに疲れて腹も減っていたので、酒を飲み飯を食い、銭を払わず行こうとしたら、店の者が追って来た。これを殴り倒すと、大男が百姓数人を連れて追って来た。楊志と大男が戦う。大男はそこそこの腕だが、楊志の敵ではない。大男が「お前は誰だ」と聞くので、楊志は名乗る。大男は「失礼いたしました」と得物を引いた。大男は曹正《そうせい》といって、開封で代々の肉屋、武芸を林冲に習っていた。楊志のことも知っていた。山東に商売に来たが失敗して元手をなくし、土地の百姓の婿になり、居酒屋で用心棒をやっているのだという。曹正は改めて楊志をもてなした。

楊志は梁山泊に林冲を頼ろうと思ったが、王倫の誘いを断わったので行き辛い。曹正は二龍山で近頃、鄧龍《とうりゅう》という者が叛徒の狼煙《のろし》を上げたという噂だからと、二龍山へ行くことをすすめる。

楊志が一日歩いて二龍山の近くまで来ると、松の木の下に坊主が涼んでいた。坊主はいきなり禅杖で打ちかかって来たので、楊志も応戦するに、互角の腕前。お互い名乗り合うに、坊主は魯智深だった。

魯智深は開封に戻ったら、捕吏に追われたので、野菜畑に火をつけて逃げた。孟州《もうしゅう》の強盗居酒屋でしびれ薬入りの酒を飲まされ、あわや殺されるところを居酒屋の主人の張青《ちょうせい》に助けられ、そこで二龍山の噂を聞いて訪ねて来たが、鄧龍と喧嘩になり、魯智深は手下たちに追い出され、門を閉められてしまったのだという。

楊志と魯智深は一度、曹正の居酒屋に引き返した。そこで策を立て、楊志が百姓に化け、曹正らとともに、魯智深を縛り上げて二龍山に向かった。曹正が鄧龍に「二龍山を乗っ取る」と言っていた坊主が店で酔い潰れたので縛って連れて来たと言う。鄧龍は油断した。三人は大暴れし、鄧龍は魯智深に禅杖で頭を叩き割られて死んだ。鄧龍の手下たちは魯智深たちに降参した。魯智深と楊志は二龍山で叛徒となり、曹正は村に帰った。

梁中書は楊志が裏切って生辰綱を奪ったとの報告に激怒し、ことの次第を蔡京に報告した。

蔡京も激怒し、すぐに犯人を捕縛するよう済州《さいしゅう》知事に命令を出した。知事は黄泥岡を縄張りにしている捕吏の何濤《かとう》を呼び、犯人を捕縛できなければ流罪にすると脅し、入墨まで入れてしまう。何濤は捜査するが、犯人はわからない。途方に暮れていると、弟の何清《かせい》が犯人を知っていると耳打ちする。

十八――宋江、秘かに晁蓋を逃がす

何濤は何清から得た情報で、白勝を捕らえる。何濤は白勝を拷問し、とうとう白勝は生辰綱強奪の主犯が晁蓋であると言ってしまう。

何濤は鄆城県に行き、役所で担当の役人の宋江に、生辰綱強奪の主犯、晁蓋の捕縛に来たことを告げる。宋江は驚いた。宋江と晁蓋は親しい間だった。宋江は何濤を足止めし、馬に乗って東渓村に急ぐ。

呉用は「ここは逃げるしかない」と言い、とりあえず石碣村の阮三兄弟の家に行き、そこから梁山泊に逃げ込もうと提案する。

宋江は鄆城県に戻り、何濤とともに、時文彬にことの次第を報告する。時文彬は驚き、すぐに朱仝と雷横を呼ぶ。二人は手下を率いて東渓村に行く。朱仝は雷横を騙して、晁蓋を逃がそうと考えていて、部隊を二手に分ける。実は雷横も朱仝を騙して晁蓋を逃がそうと考えていたのだ。晁蓋は屋敷に火を放ち、朱仝と雷横はお互いを牽制し、晁蓋らは虎口を脱出する。

何濤は済州へ戻り白勝を拷問し、阮三兄弟の名を聞き出す。

十九――晁蓋、梁山泊を奪う

何濤は軍を率いて石碣村へ行く。阮小二の家はもぬけの空。近くの者を捕らえて尋問するに、阮小五、小七の家は湖の上だと言う。舟を用意し、湖の中に入ってゆくが、ここは阮三兄弟の掌中。入り江に追い込まれ、舟底に穴をあけられ、火をかけられ、その火が風にあおられる。風を起こしたのは公孫勝の妖術だ。何濤の軍は全滅する。何濤は一人、耳をそぎとられて帰される。

晁蓋らは朱貴の居酒屋を訪ね、梁山泊への入山を求める。朱貴はおおいに喜び、晁蓋らは梁山泊に渡る。王倫は晁蓋らをもてなすが、何濤ら追っ手を殲滅した話をしたところで表情を曇らせた。それを呉用は見逃さなかった。王倫は晁蓋らを塞の外の宿舎に泊めた。林冲は不満に思い、翌朝、晁蓋を訪ねる。

翌日も宴会となる。王倫は晁蓋らに銀塊を渡し、他の塞へ行くことをすすめる。このまま晁蓋らに留まられては、梁山泊に官軍の手が及ぶからだ。またいつ自分の地位が脅かされるかもしれない。林冲はとうとう王倫の狭量に怒り、刺殺する。

「ノート14」王倫と鄧龍は何故殺されたのか

狭量だった。ようはそういうことなのだが、もう少し説明しよう。

頭領、リーダーとは何か、何をするべきなのか、ということになる。余程《よほど》小さなグループならば、頭領自らが槍をとり敵と戦うことも必要であるが、ある程度大きな組織になれば、前線で戦うよりもマネージメント能力が必要になってくるのだ。頭領は武術の達人でも、何かのエキスパートでもある必要はない。

少華山の朱武や、飲馬川《いんばせん》の裴宣《はいせん》のような文官系の頭領がまさにそれである。

梁山泊の王倫も落第書生で、武のほうは杜遷よりも下だというのだから、文官系頭領でマネージメント能力を発揮出来れば問題はなかった。そうした能力もなく、ただただ保身に走った。世の中、考えてみればわかる。自分よりも能力の高い人間なんていくらもいるのだ。それにいちいち嫉妬していてもはじまらない。自分よりも能力の高い人間をうまく使って成果を上げるのがマネージメント能力だ。

ただの山賊の巣窟でいいのなら、それでもよかった。だが、梁山泊も二龍山も、そこそこの要塞で、叛徒として狼煙を上げたほうがカッコよかったのだろう。人が集まって来た。ただの兵卒ならいいが、そこそこの人物、林冲や魯智深もやって来る。王倫や鄧龍は肝心の彼らの門を閉じた。梁山泊は柴進という後援者もいるのに、それをも裏切った。叛徒という看板を掲げた以上、やるべきことがあったのに、それを実行出来なかった。人物にも問題はあったが、方針がそもそも間違っていたため、二人の頭領は排除されたのだ。

第二章　晁蓋と革命軍前夜
——小さい組織を躍動させるための人材登用・育成術

梁山泊は王倫を頭領とする山賊の巣窟から、晁蓋が頭領になることで大きく変わってゆく。晁蓋入山のきっかけが生辰綱の強奪、すなわち民を搾取して得た金品を賄賂にして出世を目論む役人への制裁である。搾取や賄賂といった不正への反骨である。やることは強盗の類《たぐい》であっても、そこに反権力の正義の旗が掲げられた。弱者は襲わず（もっとも弱者は金を持っていないから襲っても無駄）、金持ちや役人と戦い略奪する。金持ちは用心棒や私兵を持っていたりもする。役人は当然、軍を動かすことが出来る。つまり、梁山泊も軍と戦うだけの力が必要ということだ。そうした新たな梁山泊を築かねばならない。

新しい梁山泊を運営するには、戦略が必要で、晁蓋のもとで戦略を立案実行する軍師、呉用の存在が重要になる。そして、山賊集団から反権力集団、いわゆる叛徒となるためには、役人や軍隊との交戦も避けられなくなる。軍としての実戦、それに至る訓練を担う、優秀な下士官が必要となる。それはまさしく林冲の役割となる。

梁山泊は、頭領は晁蓋、軍師は呉用、それを補佐する公孫勝、そして実戦部隊の訓練と指揮を担当する林冲という体制で動き出すこととなる。

第二章の物語は、宋江の旅と、間に武松の武勇譚が加わる。宋江は旅をしながら、さらに多くの仲間を集めてゆく。ここでは物語に沿いながら、宋江の人材登用術と、一方で初期梁山泊における呉用、林冲による戦略と人材育成をおりおりに触れながら進めてゆこうと思う。

二十――晁蓋、梁山泊の頭領となる

林冲は晁蓋こそが梁山泊の頭領にふさわしいと言う。晁蓋は辞退するが、林冲は梁山泊の一同を集め、王倫の殺害と、これからの梁山泊のなすべきこと、つまり反権力と正義の闘争について語る。一同は林冲を支持すると言うので、晁蓋は頭領の座に着く。第二席には呉用、第三席に公孫勝が着き、林冲は四席に着いた。

晁蓋は生辰綱の金品を一同に分け与え、門長屋に自分の家族と阮家の家族の住居を確保し、あとは大宴会を行った。

呉用と公孫勝は梁山泊の武器や兵糧を調べ、新たに武器を調え、林冲と阮兄弟は兵たちの訓練を行った。

林冲は開封に残した妻のことが心配になり、妻を梁山泊に呼ぼうと手紙を書いて使いを送ったが、二ヶ月後に戻った使いの者がもたらした知らせは、妻が高俅の甥の魔の手を逃れられず、首を吊って自殺したというものだった。流石の林冲もはらはらと涙を流した。

一方、済州府は晁蓋が梁山泊に逃げ込んだことを掴み、民兵指揮官の黄安《こうあん》に千人の軍を与えて梁山泊を攻めさせた。しかし、梁山湖の水路に追い込まれた黄安軍は阮三兄弟の攻撃になす術《すべ》もなく敗退、劉唐が待ち伏せし、逃げる黄安を捕らえた。

ふたたび宴会を行っていると、朱貴から街道を大きな商団が通るとの情報、すぐに阮三兄弟、劉唐、

晁蓋、梁山泊の頭領の座へ

杜遷、宋万が行くに、商団は荷物を置いて逃げて行ったので、梁山泊は戦わずして金品を得る。晁蓋は、梁山泊運営のために金品は奪うが、決して無闇に人を殺してはいけないと通達する。呉用は、済州の牢に捕らわれている白勝の救出を目論む。その一方で、糧食の貯蔵、船の建造、武器の製作、柵や城壁の補修整備、家屋の補修建造などを行うよう手配する。

済州には精強な軍隊は駐留していないので、何濤や黄安が兵を率いての討伐に失敗したと聞いた新任の知事は顔を青ざめさせた。とりあえず済州の各街に警戒を怠らないよう通達をする。済州知事からの通達は鄆城にも来た。宋江はそれを読み、晁蓋のことを案じる。これより物語は宋江が主人公となる。

その夜、帰り道、宋江はある者に呼び止められた。呼び止めたのは婆さんが二人、一人の婆さんの夫が死に棺桶代もなく困っていると言う。宋江は銭を与え、棺桶屋に「よしなに」との手紙を書く。

夫に死なれた婆さんは開封の者で、娘がいて、歌舞音曲の出来る美女で閻婆惜《えんばしゃく》といった。婆さんは閻婆惜を宋江の妾にと持ち掛ける。宋江は女色を好まなかったが、婆さんが銭に困っているのと、達者な仲人口に乗せられたのもあり、家を一軒借りて、母娘を住まわせる。はじめは宋江も毎夜、閻婆惜のもとに通っていたが、女色を好まぬ宋江は足が遠のいていた。女は不満である。ある日、宋江は部下の張文遠《ちょうぶんえん》を閻婆惜の家に連れてゆき酒を呑んだ。閻婆惜の不満に火がついた。張文遠は色事に通じた男前だった。閻婆惜と張文遠はわりない仲となった。やがて、宋江はほとんど閻婆惜の家には行かなくなり、張文遠は毎日のように閻婆惜の家に行った。閻婆惜が宋江と別れて張文遠と添いたいと思うようになったのも、無理からぬ話である。

そんなある日、劉唐が宋江を訪ねて来た。過日の礼にと、手紙と金を持って来た。宋江は金は受け取らず、手紙だけを受け取り、劉唐を帰らせた。これが間違いのもとであった。

「ノート15」お礼の品

今は便宜を計ってくれた人に金品を贈る、なんていうのが、決していいことではない風潮にある。いまどき、お饅頭の箱の底に小判を敷き詰めていることもあるまいが、高額の商品券などが贈られて社会問題になることもある。いや、寄付の名のもとに、何百万の現金が行き来することもある。その人たちにとっては、「たかが何百万」で純粋な寄付行為なのかもしれないが、そこに何か利益誘導がありはしないかと勘ぐりたくもなる。

それでも各デパートではお中元、お歳暮商戦は活発に行われているから、便宜を計ってくれなくても、一応、お世話になった方に相応の品物を贈ることは現代でも普通に行われているのだろう。

私もお中元、お歳暮をいただくことはたまにある。それぞれが心のこもった品物、多分うちで使うであろうもの（ビール、素麺など）をいただけるのは嬉しい限りである。ただ、デパートに行くと飾ってある、すき焼き用の肉セットとか、高級フルーツとかは、一度もいただいたことがない。あーいうのはどうすればもらえるのかなぁ、などとふと考えてしまうことがなきにしもあらずである。

自分の身の丈にあった贈答品がビールや素麺なのであって、それなりの大きな仕事を頻繁にしていれば、肉やフルーツがもらえるのかもしれない。ようは自分が普段買うような物をもらっているぶんには問題ないが、こんなものは金を出して買わないよ、というような自分にとって高級な物をもらうようなことがあったら、ちょっと危ないと思ったほうがよい。

挨拶の贈答は挨拶なりの品で、いくら感謝の気持ちがあっても必要以上に高価な物や、ましてや商品券などは贈る側も気をつけたほうがよいということだ。

二十一――宋江、閻婆惜を殺す

宋江は婆さんに捕まり、無理矢理、閻婆惜の家に連れて行かれる。閻婆惜は張文遠が来たのかと思ったら宋江だったので、がっかりして機嫌が悪くなる。婆さんが酒の支度をしてとり持つが、宋江は「なんでこんなところに来てしまったんだろう」とただ下うつむき、閻婆惜は「なんで宋江が来るんだ」と怒っている。

宋江が使っている小者の唐牛児《とうぎゅうじ》は博打で取られて一文無し、宋江に金の無心をしようと閻婆惜の家にやって来た。唐牛児は宋江に役所で知事が探していると嘘を言い連れ出そうとするが、婆さんに「嘘をつくな」と怒鳴られ、婆さんは唐牛児を五、六発殴り追い返す。

宋江と閻婆惜は黙ったまま夜が更ける。閻婆惜は着物も脱がずに寝てしまう。宋江も仕方なく、腰に巻いていた書類入れ（ウエストポーチみたいなもの）をはずし、閻婆惜と反対向きに寝た。閻婆惜は眠っていない。宋江もまんじりともせず、夜明け前に家を出た。

宋江は役所の前で煎じ薬売りの王爺さんと会った。宋江は王爺に棺桶代をあげるつもりでいたので、今あげようと思うと、銭の入った書類入れを閻婆惜の家に忘れて来たことに気がついた。書類入れには晁蓋の手紙が入っていた。これはまずいことになった。閻婆惜は字が読める。

一方、閻婆惜は書類入れの手紙を読んだ。閻婆惜は手紙をたねに宋江を強請《ゆす》り、金をもらって別れることが出来れば張文遠と一緒になれると喜ぶ。宋江が戻って来る。閻婆惜は晁蓋からもらった金を寄越せと言うが、宋江は金を受け取っていない。後日払うと言っても閻婆惜は「騙されない、すぐに寄越せ」と言い張る。二人はもみ合いになった。宋江が懐刀を手にした時、閻婆惜は「人殺し」と叫んだ。そう言われると、今までの不実な態度もあって宋江の怒りに火がついた。宋江は懐刀で閻婆惜を刺殺した。宋江は手紙を焼き捨て、帰ろうとする。

階下には婆さんが寝ていた。口論している時は無視していたが、流石に娘の「人殺し」と叫ぶ声を聞き、何事かと思い飛び出すと、宋江と鉢合わせになった。宋江は「閻婆惜があまりに酷いことを言うから殺した」と言い放つ。宋江は閻婆惜の葬式を出すことと婆さんの老後の面倒を見ることを約束した。婆さんも納得した。葬式代の手付けを渡すと宋江は言い、二人は役所へ向かった。役所に来ると婆さんは宋江にしがみつき「この男は人殺しです」と叫びはじめた。通りかかった唐牛児が婆さんを取り押さえたので、宋江は人混みに逃げる。

二十二——朱仝、宋江を逃がす

「人殺し」と聞き、知事が役所に出張る。そこには、縛られた唐牛児と老婆がいた。知事が話を聞くに、老婆は「宋江が娘を殺した」と言い、唐牛児は何も知らないが婆さんが宋江にしがみついていたので逃がしたと言う。知事は宋江の人柄をよく知っていたので、これは何かの間違いだろうと思い、唐牛児が閻婆惜殺しの下手人という判断を下す。だが、婆さんは「宋江が下手人」と訴える。張文遠も「宋江を調べるべき」と言い、当の宋江はどこにいるのかわからない。知事はやむなく捕吏たちに宋江を捕らえるように命じる。

宋江の実家は鄆城に近い宋家村《そうかそん》、父と弟の宋清《そうせい》が百姓をやっている。捕吏たちは宋家村に行く。宋江の父は「宋江とは三年前に父子の縁を切った」と言う。捕吏たちも宋江のことをよく知るのでこれ以上の詮索無用と引き上げる。

だが、張文遠が執拗に宋江捕縛を訴えた。恋人の閻婆惜を殺されたのが余程悔しかったのか。やむなく知事は、朱仝と雷横を宋江捕縛のため宋家村に行かせた。朱仝は雷横に外の見張りを任せ、一人で屋敷に入ってゆき、仏間の隠し部屋へ向かった。大きな屋敷にはこの手の隠し部屋が必ずあるものなのだ。何故なら宋の時代はおべっか使いの官吏がはびこり、真面目な官吏はいつ罠に掛けられるかもしれなかったからだ。

「ノート16」危機管理

どんなことにも危機管理というのは必要である。世の中、何が起こるかわからない。病気や災害などには、とりあえず保険に入るというのもあるだろう。昔から、「医者と弁護士を友達に持て」などと言われるが、早々、医者や弁護士と知り合いになれるものでもない。

宋の時代は、おべっか官吏に陥れられることもあったから、宋江のように実家に隠し部屋を作ったり、それなりの逃走資金を隠し持ったりしている官吏も多くいたのだろう。それもその日暮らしの庶民や、下級官吏にはなかなか出来ないことで、下級官吏でも宋江のように実家が豪農だから出来る話だ。

現代企業でも危機管理は重要だ。予期せぬ事態をシミュレーションして、常に対応しなくてはいけない。「想定外」などという言い訳は通らない。危機管理担当者は広く浅くいろんな知識を持ち、かつそれぞれの分野のエキスパートと連携が取れるようにしておかねばならない。何も頭を下げるだけが危機管理ではなく、対策と再発防止をすぐにプランニング出来ることが重要なのだ。そうしたセクションに人材と予算が投入出来ることも企業経営の課題のひとつである。


朱仝はもとより、宋江を逃がす気である。朱仝は雷横を牽制するが、どうやら雷横も朱仝と同じ気持ちらしい。そこで二人は鄆城へ引き上げ、「くまなく探したが宋江は見つからなかった」と報告する。

宋江はあとのことを父に頼み、弟の宋清とともに逃亡する。行き先は、滄州の柴進の屋敷だ。柴進と宋江は初対面だったが、柴進は宋江をおおいにもてなす。

夜更けまで酒を呑み、宋江が厠に立つ。酔っていて足元がふらついていた。と、廊下に一人の大男が火鉢を抱えて座っていた。大男は「おこり」という病で寒くてたまらなかったのだ。と、酔った宋江が火鉢の柄を踏んでしまい、火の粉が跳ね返り大男の顔に掛かった。大男は激怒した。柴進がとんで来て大男に、「こちらの方はたいそう偉い方だ」と言うと大男は「どんな偉い人かは知らないが、鄆城の宋江ほど偉くはあるまい」と言う。そう言った相手が宋江と知り、大男は驚いた。大男は名を武松《ぶしょう》といった。

二十三――武松、虎を打つ

ここからは武松の武勇譚となる。中国の講談では「武十回」という出色のシリーズになる。男は武松。清河県《せいがけん》の生まれ。土地の者を殴り殺したと思って逃亡、柴進の屋敷に厄介になっていたが、殺したと思った相手が死んでいなかったことがわかり、故郷へ帰ろうと思ったら、「おこり」になり一年にもなるのだという。それが、宋江のために火の粉を掛けられ驚いて冷や汗が出た拍子に「おこり」も治ったのだという。宋江も武松の噂は知っていた。そこで、三人で呑み直す。

宋江、柴進、武松の三人は毎日酒を酌み交わし、宋江は武松に新しい着物を作ってやろうとしたが、柴進は宋江に金を使わせたくないので、柴進が金を出して三人揃いの着物を作った。やがて、武松は兄の待つ故郷へ帰りたいと言い旅立つ。柴進は武松に餞別の銭を渡し、宋江と宋清は武松を見送って行き、別れを惜しみ、再会を約束した。

武松は旅をし、陽穀県《ようこくけん》に来て、麓の酒屋で酒をたらふく呑み、人食い虎が出ると言われている山道を行くと、ホントに虎が出た。武松は死闘のすえ、虎を仕留める。

この功で武松は陽穀県の知事に褒められ、歩兵部隊の小隊長に任ぜられた。二、三日したある日、武松を呼び止める者があった。

二十四――王婆、不倫について語る

呼び止めたのは、なんと武松の兄の武大《ぶだい》だった。

武松が八尺の大男なのに、武大は五尺に足らない、おまけに醜男。武大は、武松が逃亡したあとも清河県で暮らしていたが、ある時、物持ちの家のお針子女で潘金蓮《はんきんれん》という美女を嫁にする。勿論、裏話はある。物持ちが潘金蓮に惚れて言い寄ったが言うことをきかないので、可愛さ余って憎さ百倍、街で一番の情けない男、武大の嫁にしてしまったのだ。街のごろつきたちが「せっかくの羊の肉を犬に食われた」と武大を罵り、武大は清河県にいられなくなり、陽穀県に移り住み、饅頭売りをしながら夫婦で細々暮らしているのだという。

武大は武松を家に招く。潘金蓮は凜々しい武松を見て、自分はホントは武松と結ばれるのが運命だと思い武松に言い寄るが、武松は兄嫁をたしなめ、官舎に戻る。

しばらくして、武松は知事の命令で開封まで使いに行くこととなり、旅立った。

やがて季節は春になった。潘金蓮はうっかり暖簾の竿をとり落とし、通りかかった男にぶつけてしまう。男は怒り見上げると、竿を落としたのが美女だったので、怒りはジャワに飛んで行ってしまった。

男はごろつき金持ちの西門慶《せいもんけい》。西門慶は翌日、潘金蓮の家の近くに住む王婆《おうば》を訪ね、潘金蓮との仲をとりもつよう頼む。王婆は潘金蓮が武大の女房であることを話し、人の女房とうまくやる秘訣を話し、その後、潘金蓮にうまく話して、二人の仲をとりもつ。

潘金蓮と西門慶が結びつく件は、王婆の計画にはじまり、濃密に書かれているが、ここでははぶく。

しかし、潘金蓮と西門慶の不倫は武大に知られてしまう。

二十五――潘金蓮、武大を毒殺する

武大に現場を押さえられそうになった西門慶は、武大を蹴り倒して逃げる。武大は寝込んでしまうが、潘金蓮は化粧をし、武大を置いて西門慶に逢いにゆく。武大は悔しさのあまり、すべてを武松に話して仕返しをしてやると言う。これを聞いた西門慶は驚く。武松は虎を素手で倒した男である。西門慶は王婆に相談する。

王婆の指示で、西門慶は砒素を調達する。西門慶は生薬屋もやっていた。潘金蓮は武大を看病するふりをし砒素を飲ませて、武大を殺す。

近所の人は皆、死に様がおかしいとは思ったが、余計な関わりになりたくないので、くやみだけ言い立ち去った。検視役人の何九《かきゅう》には西門慶が相応の金を渡した。何九はなんで西門慶が金をくれるのか理由がわからず、検視をすると、死体の毒に当たって倒れてしまう。

二十六――武松、祭壇に二つの首を供える

三日後、武大は火葬にされた。のちの証拠にと、何九は遺骨を一つ盗んだ。

その後は、西門慶と潘金蓮は誰はばかることなく、毎日逢瀬を楽しんでいた。

それから四十日が経ち、武松が帰って来た。西門慶は逢瀬の最中だったので驚き、小便を漏らしながら逃げた。

潘金蓮は武松に泣きながら武大の死を告げた。武松は官舎に戻り祭壇を作ってひとしきり泣き、「もしも兄貴が殺されたのなら仇は必ず討つ」と誓う。

武松は何九や近所の梨売りの少年、鄆哥《うんか》の証言で、武大がおそらく潘金蓮と西門慶に殺されたのであろうことを知る。武松は役所に西門慶を訴えるが、役所は知事以下全員に西門慶の賄賂が行き渡っていて、証拠が不十分と訴えは退けられる。

武松は武大の家に行き、潘金蓮を呼ぶ。潘金蓮は訴えが退けられたことを知っているから何も怖くはないと現われる。武松は武大の葬式で世話になった人たちに酒をふるまいたいと言い、王婆と近所の住人、銀細工屋の姚文卿《ようぶんきょう》、仏具屋の趙仲銘《ちょうちゅうめい》、酒屋の胡正卿《こせいきょう》を呼んだ。忙しいから帰りたいと言う姚文卿を武松は「酒一杯ふるまうだけだ」と怒鳴って座らせる。趙仲銘らは何も言えなくなる。武松は元下級官吏だった胡正卿に、この場で起こったこと、発言のすべてを書き留めるよう言う。

武松は短刀を抜いて、「すべてを話せ」と王婆に詰め寄るが「何も知らない」と言う。今度は潘金蓮に言うと、流石に武松の恐ろしさに女は泣き出し、武大殺しのすべてを白状した。武松はその場で潘金蓮を殺し、腹の中のものを引き出して、祭壇に供えた。そして、首を切り落として布団に包み、「しばらくお待ちください」と言い残して出てゆく。

武松の向かった先は獅子楼という料理屋、ここで訴えが退けられて一安心の西門慶が役人たちと酒を呑んでいた。武松は西門慶の首を落とし、二つの生首を抱えて家に戻り、祭壇に供えた。

武松、西門慶を殺す

「ノート17」記録は大事

武松はただの乱暴者ではない。潘金蓮と西門慶殺しは慎重な上に慎重である。はじめは司直の手で潘金蓮らを裁こうとしている。それが無理とわかり、はじめて行動に移す。しかもただ殺すのではない。近所の人を集め、胡正卿に記録まで取らせて、彼らの前で潘金蓮に武大殺しを自白させ、この殺人が兄の復讐であることを明らかにしているのである。

実際に日々のさまざまなことでも、複数の人間の確認、文書などでの記録は重要である。口約束は「言った、言わない」で揉める元だ。今日では録画、録音も簡単に出来る。問題になりそうなことは記録を取ることを忘れてはいけない。

二十七――孫二娘《そんじじょう》、人肉饅頭を売る

武松は王婆を縛って引き立て、二つの生首を持って役所に出頭した。知事は武松の義気を知っていたので、潘金蓮の不倫ゆえに起こった事件であるとし温情を求める書類を書き、東平府《とうへいふ》の上級役所へ送った。府知事の陳文昭《ちんぶんしょう》は綿密に事件を調べ、武松は棒打ち四十の上、孟州の牢城へ流罪となった。牢役人は武松が義の人であると知っていたので、誰も棒を武松の体に当てることはなかった。そして、王婆は寸刻みに処刑された。

武松は二人の役人と孟州へ向かった。武松には陽穀県の人たちから多くの餞別が送られた。季節は夏になった。暑さのため、一行は街道の居酒屋で休む。場所はもう孟州で、そこは十字坡《じゅうじは》という森の手前だった。居酒屋には女主人がいた。二人の役人は武松に好意的で、首の枷《かせ》をはずし、酒と肉をあつらえた。酒を飲むと二人の役人、それから武松もその場に倒れた。酒にはしびれ薬が入っていた。女主人は凄い腕力で、武松を軽々持ち上げて奥へ運ぼうとしたが、武松はしびれ薬入りと気付き酒を飲んでいず、その場で女を組み敷いた。

そこへ薪を背負った男が現われ、武松に詫びた。薪の男は女主人の亭主、二人は張青《ちょうせい》と孫二娘、十字坡で強盗居酒屋をやっていた。懐具合のよさそうな旅人にしびれ薬入りの酒を飲ませて金品を奪い、旅人はそのまま殺して、肉は挽肉にして饅頭の具にしちまうというとんでもない奴ら。だが、張青には、旅芸人と僧侶と懲役の流人は襲わないという信条があった。孫二娘が武松にしびれ薬入りの酒を出したのは、武松の懐が豊かなので魔が差したのだ。

孫二娘、人肉を売る

武松は張青と孫二娘を許し、改めて酒盛りとなる。

二十八――武松、牢城の円石を持ち上げる

張青と孫二娘は武松に、孟州の牢城には行かず、二龍山の魯智深を頼るように言う。なんと、かつて魯智深はしびれ薬にやられて、あわや饅頭の具になるところだったのだ。だが、武松はいつかは恩赦もあるだろうと、牢城へ行くという。武松たちは一晩、十字坡に泊まり、ふたたび孟州へと旅立つ。

武松が着いたのは、孟州は安平寨《あんぺいさい》という牢城だった。牢城とは戦争の時、懲役人たちを兵士として守らせる要塞のことだ。

牢城では新入りの懲役人はいじめられるものだが、武松は優遇されて、ご馳走までふるまわれる。武松はいぶかしく思っていると、牢城の司令官の若様で施恩《しおん》という者が武松を優遇する指示を出していることがわかる。施恩は武松に頼みごとがあるが、武松の旅の疲れがとれてからと言う。武松は疲れなどないと言い、牢城にある重さ四百斤の円石を持ち上げてみせる。

二十九――武松、蔣門神を打つ

施恩は少しは武芸が出来るため人々から慕われて、牢城の東の快活林《かいかつりん》という盛り場を仕切っていた。相当な金額の冥加金《みょうがきん》が上がっていた。ある時、正規軍に張という司令官が赴任、その部下で蔣門神《しょうもんしん》という仇名の巨漢がいて、そいつが快活林に乗り込んで来て、施恩を叩きのめして縄張りを奪ってしまったという。施恩は武松に蔣門神と戦う助っ人を頼みたいと言うのだ。武松は「お安い御用」と引き受ける。

翌日、武松は快活林へ向かい、途中、酒屋があるごとに立ち寄り一杯ひっかけ、快活林に着いたのは昼頃になっていて、かなり酔っていた。それでも武松はなんなく蔣門神を叩きのめした。

三十――武松、罠に掛かる

蔣門神は逃げて行った。施恩は快活林を取り戻した。

季節は秋になった。武松は孟州守備隊の隊長、張蒙方《ちょうもうほう》に呼ばれる。虎退治の武松の噂を聞き、会いたいというのだ。武松が会いに行くに、張蒙方は武松を気に入り、酒肴でもてなし、武松は屋敷に何日も逗留した。

八月の中秋、張蒙方は武松を連れて鴛鴦楼《えんおうろう》という料理屋に出掛け、宴を開いた。武松は自分は懲役囚だからと辞退したが、張蒙方にすすめられ宴席に着いた。張蒙方のお気に入りの玉《ぎょく》蘭《らん》という芸妓が唄を歌い宴席は盛り上がった。張蒙方は武松に、ゆくゆくは兵士に取り立ててやるから、「玉蘭を妻に娶ればよかろう」と言う。武松は感無量だった。

その夜、武松は鴛鴦楼に泊まった。夜中、「賊だ」の声に、武松は梶棒を手に庭に飛び出した。すると七、八人の兵士が現われ、武松を取り押さえた。武松は「人違いだ。賊ではない」と言うが、出て来た張蒙方は「懲役人、恩を仇で返すか」と鬼の形相。兵士が武松の荷物を調べると大金が出て来た。武松は知らない金だった。捕吏が呼ばれた。武松は冤罪を訴えたが、そのまま仮牢へ入れられた。

翌朝、取調べの役人が来ると、ろくな取調べもなく、武松を拷問に掛けた。役人には張蒙方から賄賂が渡っているようだ。このままでは責め殺されるだけだと思った武松は仕方なく泥棒を自白した。すぐに牢へ入れられた。武松が張蒙方の罠に掛けられたと気付いた時はあとの祭りだった。

施恩の父は、この件は蔣門神の主人の張司令官と張蒙方とがしめし合わせた罠で、おそらく牢役人に金を渡して獄中で武松を殺すつもりだと言う。施恩は旧知の牢役人に、先に賄賂を贈って武松のことを守ってくれるよう頼む。次に施恩は裁判官にも賄賂を贈った。裁判官はすでに張蒙方から賄賂を受け取っていて、判決を引き延ばし、そのうちに張蒙方が牢内で武松を殺すことになっていた。しかし、施恩の話を聞き、武松が罠に掛けられたことを知り、また施恩からの賄賂が大金であったため考えを変えた。

施恩は旧知の牢役人の手引きで武松に会い、張蒙方の企みを告げる。そして、牢番たちにも賄賂を配ったので、牢番たちは武松の縛《いまし》めを解いた。施恩は時々牢を訪ねては、食べ物を届けた。しかし、すぐに張司令官の手下に見つかり、牢に入ることは出来なくなった。しかし、施恩の賄賂のおかげで、武松の命は牢番たちが守った。

二ヶ月後、武松は棒打ち二十ののち、さらに辺境の恩州《おんしゅう》への流罪と決まった。七斤の枷がはめられ、武松は二人の護送役人と旅立った。

街道の居酒屋には施恩がいたが、頭に包帯を巻き、腕を吊っていた。なんと蔣門神がふたたび現われ、快活林を奪われたのだ。

施恩は護送役人に賄賂を渡すが二人は受け取らなかった。これは何かある。武松は思った。それは出発の時から薄々感づいていたことだった。施恩は涙を流して、武松に別れを告げた。

しばらくして、案の定、護送役人は武松を川原に連れて行った。そこには朴刀を持った男が二人いた。川原は飛雲浦《ひうんぽ》というところだった。武松は枷をはめられ、武器を持った敵が四人。だが、武松はまたたくうちに二人を蹴り倒し、枷をへし折り、朴刀を奪い残りの二人を串刺しにし、怒りが収まらぬと孟州に引き返した。

三十一――鴛鴦楼の惨劇

武松は黄昏時に孟州の街に入り、まず張蒙方の屋敷に行き、馬丁から張蒙方が鴛鴦楼にいることを聞き出すと、馬丁を殺した。そして、鴛鴦楼へ行き、張蒙方、張司令官、蔣門神を殺すと、「殺したのは虎退治の武松」と壁に張蒙方らの血で書いた。さらに、玉蘭はじめ鴛鴦楼の従業員を皆殺しにした。そして、城壁を越えて、逃げて行った。

夜道を急ぐ武松の前に熊手が現われた。足をとられた武松、現われた四人の男に取り押さえられ、たちまち縛られてしまった。流石の武松も不意打ちには敵わない。だが、武松が四人に連れて行かれたところは、十字坡の張青、孫二娘の居酒屋だった。地獄に仏である。武松は二人に孟州での話をし、詫びる張青の手下四人を許した。

一方、鴛鴦楼では隠れていて生き残った者もいて、朝を待って役所に訴えた。役人が来て調べるに、鴛鴦楼で殺されたのは十五名、そして飛雲浦からも四人の死体が見つかり、すべては武松の仕業と確定される。

武松は張青、孫二娘の家にしばらく逗留し、牢の疲れを癒した。そして、張青のすすめで二龍山の魯智深を頼ることにする。以前、孫二娘がしびれ薬で殺して饅頭にした托鉢僧《たくはつそう》の衣装があったので、武松は僧形になり、以後、「行者」を名乗る。

十字坡を出て五十里、ある高い山で、武松は道士と戦うこととなる。

三十二――宋江、清風山《せいふうざん》で女を助ける

道士は土地の金持ちを騙して、一家を殺して財産を奪い、娘までさらって墓守の庵に住み着いていた悪党だった。武松は死闘のすえ、道士を倒し、娘を助けた。

武松はさらに旅を続け、季節は冬になった。武松は寒いので居酒屋に入ったが酒はあるが肉はないと言う。とりあえず、酒を呑んでいると、大男が仲間と来て宴会をはじめた。机の上にはご馳走。武松が居酒屋に文句を言っていると、大男は持ち込んだ料理だと怒る。武松は大男

を叩きのめして店の外の川に叩き込むと、大男の仲間はあわてて出て行った。武松は大男のご馳走を肴に酒を呑む。

居酒屋を出る頃には酔っていた武松、犬にほえられ足をすべらせて、川に落ちる。すると、別の大男が百姓を二十人連れてやって来て、武松をふん縛って、屋敷に連れてゆく。またまた地獄に仏。なんと大男たちの屋敷には、宋江が逗留していた。

大男たちは孔明《こうめい》、孔亮《こうりょう》という豪農の若旦那兄弟。ここの山は白虎山《びゃっこざん》といった。宋江は宋清を鄆城に帰し、自分はかねて手紙で親交があった孔明、孔亮を訪ねて来たのだ。武松も今までのことを宋江に語った。

宋江と武松は孔家に十日ほど滞在し、武松は二龍山へ、宋江は友人の花栄《かえい》が守備隊長を務める清風鎮へと旅立つ。

さて、武松の話はここで終わり、ここからまた、宋江が主役となる。

宋江はしばらく歩くと、また別の山に来る。夕刻になったので道を急ぐと、縄で足をからめとられた。山賊の仕掛けた罠だった。宋江は十四、五人の山賊に捕らわれ、巣窟に連れて行かれる。

ここは清風山といい、燕順《えんじゅん》、王英《おうえい》、鄭天寿《ていてんじゅ》という三人が頭目を務める山賊の巣窟だった。燕順らは酔い覚ましに宋江を殺して生き胆の吸い物を飲もうと言い出す。そして、今、宋江の首に刀がふりおろされようとした時、宋江が一言、「宋江もここで果てるか」とつぶやいた。燕順はびっくり仰天。「あなたが及時雨《きゅうじう》の宋江さん」、燕順たちは宋江を床机に座らせ平伏した。宋江の義人の噂を聞き、是非一度会いたいと思っていたというのだ。宋江は自身の知名度のおかげで命拾いをした。

【ノート18】宣伝力

「及時雨」とは「恵みの雨」という意味。宋江の仇名である。

宋江と閻婆惜母子の関係のきっかけも葬式の棺桶代を恵んであげたことにはじまっているし、柴進の屋敷でも初対面の武松に着物を買ってあげようとしたりしている。困っている人をいつも助けている。だから、及時雨なのだ。

勿論、恵む金があっての話で、宋江は実家が豪農だというのもある。だが、だいたい宋の時代の役人は、賄賂をもらって便宜を計って、何年か役人やって金を貯めたら辞めて楽隠居という人が多かった。そういう自分勝手な、ある意味こずるい生き方を宋江は否定した。役人でありながら、金で便宜は計らない。便宜を計るとすれば、晁蓋の逃亡幇助のような義のためだ。ホントに困っている人に金を配る。それが宋江という人で、だから、朱仝も雷横も、宋江を信頼し、必死で宋江を逃がそうとした。

朱仝や雷横は同じ鄆城に住んでいるから宋江の人となりを知っていても不思議ではないが、一度も会ったことがない武松や燕順らが噂だけ聞いて宋江を尊敬しているとはどういうことか？　何故田舎の下級官吏がそこまで知名度があるのか。

噂は旅人によって広まる。この時代の旅はタイヘンだった。道も整備されていない。山賊も横行していた。宋江も燕順に捕らわれたし、武松や魯智深も十字坡の強盗居酒屋で殺されかかっている。

それでも人は旅をする。任地へ行く役人や軍人、行商人、旅芸人、修行僧、兇状旅《きょうじょうたび》の逃亡犯もいる。辺境の牢城に流される懲役人もいる。道も宿屋だってあまりない旅人たちを、宋江はもてなしたのだ。宋江だけでない。柴進は大きな屋敷に大勢旅人を泊めている。林冲のような懲役人、宋江や武松といった逃亡犯にも門戸を開いている。

そうした「おもてなし」が旅人の口から噂になり、義士として評判になる。

昔のやくざ、股旅演歌《またたびえんか》に出て来るようなやくざも同じだ。一宿一飯。旅人を泊めてもてなし、旅立ちの時は草鞋銭《わらじせん》を持たせる。兇状旅の渡世人も匿う。辛い境遇にある者は助け合う。それが出来る人物は、評判が上がり、面識はなくとも名が知れ渡るのである。

何が言いたいのか。評判は大事だということだ。

現代は悪い噂はすぐに広まる。ネットもある。だが、貶《おとし》めようと意図的に流される噂は整合性がない。すぐにバレる。いい噂はあまり流れない。でもまれに聞く。いい噂が流れる人は、それなりにきちんとした人だ。一生懸命前向きな人であり、それなりに気遣いの出来る人はいい噂が立つ。噂を聞く側は、真偽を見極める目を持たねばならない。

同時に、日頃の人付き合いが、その人の評判になって広まる。そのことは時代を超えて変わらないものの一つであろう。

それからしばらく、宋江は燕順たちのもてなしを受けた。ある日、墓参の帰りと思われる女の一行が街道を通りかかる。宋江と燕順は止めたが、王英が手下を連れて一行を襲い、女を捕らえて戻って来た。供の兵士たちは逃げてしまったらしい。宋江、燕順、鄭天寿が王英の部屋に行くと、今まさに王英が女に襲いかかろうとしていた。王英は無類の女好きだった。宋江は王英を止め、「女色に迷うのは、好漢として恥ずべきことだ」と諭す。

女は清風鎮の知事の妻だという。宋江がこれから訪ねる花栄の上司の妻である。宋江は王英に「いずれ妻となる女性を見つけてあげる」と言い、女を解放させる。

逃げた兵士たちは清風鎮に戻り、山賊に襲われ奥様がさらわれたと知事の劉高《りゅうこう》に報告する。劉高は激怒し、すぐに妻を取り戻せと言う。兵士たちは数を頼んでふたたび清風山へ行くと、ひょっこり劉高の妻と行き会った。妻は「山賊は私が知事の妻だと聞くと驚いて解放した」と言う。

さて、宋江はそれからさらに数日、清風山に逗留したあと、清風鎮の花栄のもとへゆく。

三十三――花栄、清風鎮で暴れる

宋江は清風鎮の花栄の屋敷を訪ねる。宋江と花栄は旧知の間で、花栄は武官として切れ者で弓の名手、古《いにしえ》の李広《りこう》が仇名となって小李広《しょうりこう》。

宋江は閻婆惜殺しから今日までのことを物語る。最後に清風山で女を助けた話をすると、花栄は落胆の表情を見せる。

清風鎮は青州の交通拠点で街道が交わるところ、清風山、二龍山、桃花山という山賊の巣窟から街道を守るために鎮が作られ、守備隊が駐屯している。花栄はそこの隊長として、三山を常に見張り威嚇してきた。そこへ劉高が花栄の上司として赴任して来たが、へなへなの書生上がり、学問はないが悪知恵が働き、土地の金持ちを騙して賄賂を要求し、私財を貯めることしか頭がない。それに輪をかけて劉高の妻は悪辣な女で、悪知恵の胴元は妻なのだと花栄は言う。宋江はそんなに同僚を悪く言うものではないと窘《たしな》める。

やがて新年になり、元宵節《げんしょうせつ》がやって来る。宋江は灯籠見物に出掛ける。するとやはり、劉高夫妻も灯籠見物、劉高の妻が「あの色の黒いチビが山賊の親玉です」と言う。すぐに宋江は捕らえられた。宋江は旅商人の張三郎《ちょうさぶろう》と名乗り、山賊とは関係ないと言うが、劉高の妻は、山賊たちに自分を解放するように命じたのがこの男だと言う。とうとう宋江は、鄆城虎の張三郎という山賊の親分ということにされ、囚人車に乗せられ青州の役所に送られることになる。

花栄から誤解であるから宋江を解放するようにとの手紙が来るが、劉高は怒って破る。花栄が山賊と関わっていた。かねてから、うるさい花栄もやっつける機会だ。

花栄はやむなく手勢五十を率いて劉高の屋敷に行った。これには劉高は怖気《おじけ》た。花栄は兵士に屋敷を探させ、宋江を助けて引き上げた。隠れていた劉高は花栄が帰ると、すぐに二百の兵を集めて花栄の屋敷に行かせた。花栄は弓で二百の兵を蹴散らしたが、これ以上騒ぎは大きくしたくない宋江は、とりあえずこの場を離れ、清風山の燕順を頼ると言い、劉高に受けた拷問の傷をかばいながら清風鎮をあとにする。

一方、劉高は宋江が清風山に逃げると見越して、麓に兵士を行かせ、宋江を捕らえた。そして、すぐにことの一件を青州の役所に手紙で知らせた。

手紙を受け取った青州知事の慕容《ぼよう》は、徽宗帝の后の兄で、権力を笠に悪辣な行政を行っていた。慕容に陥れられて地位を失った者も数多くいる裏切り男である。

慕容はすぐに正規軍隊長の黄信《こうしん》を呼び、清風山に通じた花栄を捕らえよと命じる。黄信も花栄の武勇は知っていたので、劉高と計り、花栄を宴席に招いてまんまと捕らえてしまう。かくて、黄信と劉高は囚人車に宋江と花栄を乗せて、百五十の兵に守らせて、青州へ向かった。

三十四――秦明《しんめい》、青州を駆ける

黄信と劉高は囚人車で清風山の麓に来ると、燕順、王英、鄭天寿らが三百の手勢を率いて待ち伏せていた。黄信は戦うが、三対一では劣勢になり清風鎮へ逃げる。兵たちも散り散りになり、劉高は捕らわれ、花栄が殺す。燕順は宋江と花栄を清風山に連れてゆく。

一方、逃げた黄信は清風鎮の守備を固め、青州に使者を送った。清風山に囚人が奪われたことを知った慕容はすぐに青州軍の司令官、秦明将軍を呼ぶ。秦明は霹靂火《へきれきか》の仇名があり、とにかく熱い人で、狼牙棒《ろうがぼう》の使い手。すぐに五百の兵を率いて清風山に向かった。

秦明将軍の出馬を知った燕順らは驚くが、花栄がにっこり笑い、「計略があるから大丈夫」と言い、手下たちにまず腹ごしらえをするよう言う。

秦明が来ると、まず花栄が戦いを挑み、適当なところで踵《きびす》を返し、弓で追撃を防ぎ逃げ去る。すると今度は別の場所に燕順が手下を率いて現われる。秦明が行くと、逃げてしまって、いない。今度は王英が、次は鄭天寿が、出ては逃げ、出ては逃げる。短気な秦明は苛々してくる。夕刻になり兵を休まそうと思っても、燕順らの挑発は続く。秦明は兵を分散させるに、そうなると地の利がある燕順らの思う壺、飛び道具や罠で、次々に兵を失ってゆく。そして、秦明も落とし穴に落ち、五十人がかりで縛り上げられる。

引き立てられた秦明を花栄は自らの手で縄を解き、これまでのいきさつを話した。燕順はこのまま青州に戻れば慕容に敗軍の責任をとらされるから、ここに留まるように言う。しかし、秦明は自分は宋国の軍人であるから青州へ帰りたいと言う。花栄はせめて一晩眠って疲れを取り、早朝に戻ればよいと言い、秦明は従う。

翌朝、秦明は単騎で青州に戻ると城門が閉まっていた。すると城壁の上に慕容が現われ、「逆賊め」と罵り、秦明の妻の首を見せた。そして、兵たちが城壁の上から矢を射かけた。秦明は逃げた。しばらく行くと、宋江ら五人が待っていた。宋江はすべてを話すからと、秦明をふたたび清風山に連れてゆく。

宋江ら五人は秦明を上座に座らせ、その場に平伏した。すべてが宋江の計略だった。秦明が寝ているうちに、手下に秦明の鎧を着せて青州城を攻めさせ、慕容に秦明が寝返ったと思わせたのだ。それもこれも秦明を仲間に加えたいためだと、宋江は言う。

秦明は激怒。たとえ死んでも五人と渡り合ってやろうかと思ったが、こらえた。それが百八星の宿命ゆえだったのかもしれない。でも怒りは収まらない。秦明はこの計画のおかげで妻が慕容に殺されたことを告げる。すると宋江は「ご安心ください」と言う。殺された奥方の代わりに、花栄の妹を妻に迎えればいいと。

［ノート19］人材スカウト

「水滸伝」の中でも、宋江という人物の、意味不明というか、残酷というか、目的のためには手段を選ばないというか、この秦明スカウトは、それがもっとも強く描かれる場面である。

現在でも人材スカウトというのはタイヘンな仕事であるが、現代の場合、基本は、金、やりがい、プライドの三つを用意すると言われている。ようは、相応のポストを用意して、その人のやりやすい仕事環境を整えてあげることが大事だ。「うちのやり方になじんでくれ」では、なかなかいい人材の確保は難しい。だが一人のために、それまでの仕事の流れを変えるというのも難しいことである。

そうやって、金、やりがい、プライドを満たすポストを用意しても、ふんぎりがつかない相手には、宋江のように相手の退路を断つ、というやり方も、もしかしたら、あるのかもしれない。

宋江の作戦で秦明の前妻は殺された。宋江は前妻が死んでも次があると軽いノリで花栄の妹を妻に世話しているが、物語だから軽いノリに見えるだけで、秦明の前妻が殺されたのは宋江にとっては想定外のことだったのかもしれない。実際に清風鎮にいた花栄の妻も妹も殺されてはいない。清風鎮の指揮をとっていた黄信がまともな軍人で、青州城の慕容が悪辣だった。それだけのことかもしれないが、秦明の前妻の死は宋江が仕組んだことではないのだ。

この反省からか、宋江はこのあと、官軍の将軍や将校、兵士が寝返ると、その家族を梁山泊に連れて来て保護している。迎えにゆく好漢もそれなりの人を行かせている。秦明の前妻が殺されたことは、宋江にとっても辛い出来事だったのかもしれない。

そうして秦明は仲間に加わった。席順は、宋江、秦明、花栄、燕順、王英、鄭天寿に並んだ。秦明を第二席としたわけだ。

いよいよ清風鎮を攻める。清風鎮には花栄の妻や妹がいる。うっかりしていると彼女たちも殺されかねない。だが、黄信は生粋の軍人で、そんな真似はしないだろうと秦明は言う。黄信は秦明の直属の部下であり、武芸の弟子でもあった。翌日、秦明は清風鎮へ行き、黄信を説得する。

三十五――花栄、梁山泊で雁を射る

黄信の指示で濠の跳ね橋が下ろされ、宋江、花栄、燕順、王英が手下を率いて清風鎮に入った。宋江は兵や住民に危害を加えてはならぬとの厳命。めざすは劉高一家で、一家の者は皆殺しにし、王英はかねて目をつけていた劉高の妻を捕らえた。花栄は妻と妹を助け、一同は、鄭天寿が待つ清風山へ戻った。黄信も仲間に加わり、花栄の次の席に着いた。

燕順は、劉高の妻を王英が犯す前に一刺しで殺した。王英がこの性悪女を傍におけば、のちの災いになると燕順は言い、宋江は王英にはいずれよき妻を世話すると約束する。

やがて、秦明と花栄の妹の結婚式が行われ、一同は祝宴になった。

しばらくして、慕容が大軍で清風山を攻める準備をしているとの噂が聞こえる。宋江は一同に清風山を捨てて梁山泊に合流することを提案する。一行は、清風山の手下と、秦明、花栄、黄信の部下たちで五百名になったが、賊徒討伐軍の旗を立て隊列を組んで行ったので、途中、役人に咎められることもなく、七日で青州を離れた。

途中、対影山《たいえいざん》というところで、お互いが方天の戟《げき》を武器に戦っている二人の壮士と出会う。元生薬屋で「三国志」の呂布《りょふ》に憧れて戟を武器にしている呂方《りょほう》と、元水銀商人で旅先で戟を学んだ郭盛《かくせい》、二人は宋江の名を知っていて、ともに仲間に加わった。

済州に入り、宋江と燕順は数名の手下と梁山泊に先行することとなった。途中寄った居酒屋で会った石勇《せきゆう》という男が宋清に預かった手紙を宋江に届けに行くところだという。手紙には父が死んだと書かれていた。宋江は燕順と別れ、宋家村へゆく。石勇も一行に加わった。

花栄、雁を射る

秦明ら五百人は朱貴の居酒屋へ行き、宋江の手紙を見せる。翌日、呉用が来て、秦明らと会い手紙の真偽を確認し、一同は船で梁山泊に渡り、晁蓋と会う。席は左が、晁蓋、呉用、公孫勝、林冲、劉唐、阮小二、阮小五、阮小七、杜遷、宋万、朱貴、白勝、右が、花栄、秦明、黄信、燕順、王英、鄭天寿、呂方、郭盛、石勇が並んだ。白勝は呉用が賄賂で牢から助け出していた。花栄と秦明は軍の地位は秦明が上だが、秦明が花栄の妹を妻としたため花栄が義兄となったので、花栄の席順が上となった。

花栄は雁を射て、弓の腕を見せ、晁蓋らは強い味方を得たと喜ぶ。

「ノート20」自己アピール

人事は社員の特技や能力を把握して、適材適所に人材配置が出来ればよいのだが、特技や能力の把握というのがなかなか難しい。身上書に資格や趣味なんかを書いてもらうくらい。それも案外あてにはならない。学生時代に取った、英検や算盤の資格を書かれても、果たして実践で使えるかどうかはわからない。スポーツの趣味なんかで、団体戦向きか個人戦向きかはわかるかもしれないが、聞いてみたら観戦だけで一度もやったことがない、なんてえのもあったりする。

やはり特技や能力は、個人がどんどんアピールしてゆかねばならない。今はSNSなんかもうまく使って、「こんなことをやりました」「やってます」という発信をしてもいい。

花栄のように、腕を見せる機会があれば積極的に見せてゆくことも必要だ。特技、能力を示してゆくことがチャンスに繋がるのは確かなことだ。

一方、宋江は宋家村に戻るが、父は生きていた。父は宋江が賊徒の仲間になってしまっては

困るからと呼び戻したのだ。世間では恩赦もあり、閻婆惜殺しで捕らわれてもたいした罪にはならないから自訴せよと父は言う。

三十六――宋江、掲陽嶺《けいようれい》で李俊に会う

新参の捕吏、趙得《ちょうとく》と趙能《ちょうのう》が宋江を捕縛にやって来た。父は二人をもてなし、翌朝、二人は宋江を役所に連行した。知事の時文彬はおおいに喜んだ。街の人たちは宋江捕縛の噂を聞き、減刑を嘆願した。結局、棒打ち二十の上、江州《こうしゅう》へ流罪となった。牢役人には賄賂が届けられ、棒打ちは形だけのものだった。江州は南で暖か、酒も魚もうまい。そこで三、四年辛抱すれば、恩赦があり戻れるはずだと、父は言った。宋江は二人の護送役人と旅立つ。

梁山泊の近くでは、案の定、劉唐が宋江を救出に現われる。宋江は江州で恩赦を待つと言い、とりあえず晁蓋に会うため梁山泊へゆく。晁蓋は宴を開き、翌日、宋江は旅立つ。

宋江らは旅を続け、掲陽嶺という山に来る。ここを越えれば江州である。峠の居酒屋で宋江らは休む。酒を飲むうちに宋江と護送役人は口から泡を吹いて倒れた。ここは強盗居酒屋で酒はしびれ薬入りだった。居酒屋の主人がしめしめと喜んでいるところへ、新しい客が来た。潯《じん》

陽江《ようこう》の闇塩商人の親分、李俊《りしゅん》と、その弟分の童威《どうい》、童猛《どうもう》の兄弟、居酒屋の主人の李立《りりつ》とは顔馴染みだ。李俊は宋江が江州に来るという噂を聞き、一目会いたいとやって来たと言う。宋江の風体を聞き、李立は驚いた。たった今、しびれ薬を飲ませた客が宋江だ。李立は醒まし薬を飲ませて宋江を助けた。李立は非礼を詫び、宋江は李俊に感謝した。李俊らは宴を開いて、宋江をもてなした。翌朝、宋江らは旅立つ。

山を下りると、潯陽江が流れ、掲陽鎮という街があった。そこで大道芸の膏薬売りの薛永《せつえい》と知り合う。薛永は棒術の武芸を見せ、それが見事なのに人々は膏薬を買おうとしない。宋江は祝儀を渡した。そこに大男が現われ、「何故そんな奴に銭を渡すんだ」と怒鳴った。

三十七――張横《ちょうおう》、潯陽江を騒がす

大男は土地の顔役で穆春《ぼくしゅん》、縄張りで許可なく膏薬を売っていた薛永に銭を与えた宋江に怒り殴りかかったので、薛永は簡単に穆春を叩きのめしてしまう。宋江はその後、掲陽鎮に宿をとろうとしたがどこも泊めてはくれなかった。これはまずいことに関わったのか。

宋江らは街はずれの豪農の屋敷に泊めてもらう。だが、そこは穆春の屋敷で、穆春は宋江たちを捕らえるために屋敷にいる兄の穆弘《ぼくこう》に助っ人を頼みに来たのだ。宋江らは怒鳴っている穆春の声を聞き、逃げ出す。

宋江らは潯陽江のほとりに来たが、穆春は手下を連れてすぐあとまで来ていた。すると、舟が舫《もや》ってあった。宋江は船頭に「助けてくれ」と頼み、舟に乗せてもらう。舟が沖に来ると、船頭が豹変する。船頭は板刀を出し「身ぐるみ脱いで川に飛び込め」と言う。船頭は潯陽江の強盗船頭の張横という者だった。

だが、そこに近づく別の舟、乗っていたのは、李俊、童威、童猛。宋江はまたも命を救われる。実は、張横も穆春も、穆春の兄の穆弘も李俊の仲間だった。穆弘、穆春、張横は殺そうとした相手が宋江と知り驚いて謝罪する。一同は穆弘の屋敷へ行き、穆兄弟の父にも挨拶をし祝宴となった。穆春に捕らわれていた薛永も助けられ、祝宴に加わる。薛永はそのまま屋敷に留まり、宋江らは旅立つ。

宋江は江州牢城へ行き、呉用に紹介された牢役人の戴宗《たいそう》と会う。

「ノート21」紹介

人と人を繋ぐ方法にはいろいろあるが、「紹介」というのは案外多いのではないかと思う。たとえば旅行に行く、転勤で見知らぬ土地に行くなどの場合、知人の知人が見知らぬ土地にいて、知人からその人を紹介してもらうと心強い。そして、案外その人が、旅行なら、普通の観光客の行かないようなスポットに連れていってくれたり、転勤とかだと、その土地の風習なんかを丁寧に教えてくれたりする。自分とは初対面なのに、知人からの紹介だと、とくに親切にしてくれる。

「水滸伝」のこの場面がまさにそれである。江州の牢城に流罪になる宋江に、呉用が旧知の牢役人の戴宗を紹介する。流人の宋江は辛い立場にある。牢役人が便宜を計ってくれれば百人力だ。そして、呉用からの紹介があるので、戴宗は何かと面倒を見てくれる。それでなくても義人として知られている宋江だけに、戴宗は便宜を計ったであろうが、やはり知り合いの呉用からの紹介があったからこそ、より一層の便宜を計ったことは確かだ。

人材の登用などに関しても、人からの紹介は大きい。コネ入社はよろしくないというような風潮はあるが、やはり誰々の子息というのは、大きな信用になることも確かだ。とくに中途採用人事だと「あの人なら確か」という、別の確かな人の口添えがあれば安心だ。

知人の紹介、知人の知人のような人の繋がりは大切なもので、大事にしなければいけない。ではどうすれば、そうした紹介をしてもらえるのか。やはり普段の付き合いが大事ということだ。自分の知人を誰かに紹介したり、あるいは紹介された時に、見知らぬ知人の知人に便宜を計る、そうしたことの積み重ねが大事だということだ。

三十八――李逵《りき》、張順《ちょうじゅん》と戦う

戴宗は若き日に道術の修行をし、一日八百里走る神行歩《しんこうほ》の術を心得ていた。牢役人のかたわら機密文書の伝令役などを命じられることもしばしばあり、江州の役所からも一目置かれていた人物である。

そして、もう一人、宋江が江州で出会ったのが李逵という男。沂水県《ぎすいけん》の生まれで、江州に流れて来た無類の暴れ者。黒旋風《こくせんぷう》、鉄牛《てつぎゅう》などの仇名がある。どういうわけか、戴宗が面倒を見て、牢城の下働きとして使っているが、なかなか手に負えない。

李逵もまた宋江の名を知っていた。宋江はさらに李逵に銭を与えて、大事にしている二丁板《はん》斧《ぶ》を質屋から出させる。この二丁板斧が李逵の得意とする武器で、この先何百人もの命を奪うことになる。

李逵は宋江に恩義を感じ、宋江をもてなす宴席の銭を作ろうと博打場にゆくが、負けて大暴れをする。宋江と戴宗が李逵を押さえ、宋江は李逵が暴れて怪我をした人たちに膏薬代を払う。李逵は恥じ入ると同時に宋江への尊敬が深まり、この先、一生宋江のために尽くそうと心に誓う。宋江もまた一本気な豪傑気質の李逵をおおいに気に入る。

三人は料理屋で酒を酌み交わすが、活きのいい魚がない。そこで李逵が川端の漁師に掛け合いに行く。李逵が行くと漁師たちは「魚を売らない」と言うので（魚を売るには手順がいる）、李逵は舟に乗り込んで魚を探し始め、止める漁師たちを次々に殴り倒した。そこへ魚屋の親分の張順が来る。張順は李逵を殴るが、李逵にはまったく効き目がない。李逵が反撃しようとしたところへ、宋江と戴宗が来て李逵を止める。だが、張順が挑発をしたので李逵は怒り、宋江の制止をふり払い張順へ向かっていった。張順は舟に飛び移る。李逵も追って舟に飛び乗ったが、張順は沖へ漕ぎ出した。李逵が殴りかかると、張順は舟を揺らして李逵を川へ落とした。張順は水の中では三日三晩暮らせるという水練の達人、水の中では李逵も敵わなかった。

実は張順は、宋江が掲陽鎮で会った張横の弟。宋江が間に入り、張順と李逵は仲直りをした。四人は鯉を肴に宴となった。

「ノート22」戦いは自分のフィールドで

何かで他人と争わねばならないことはままある。別に拳で戦うだけが戦いじゃない。論争や、ビジネスの争いもある。

そんな時はやはり自分のフィールドで戦わねば、勝利は得られない。相手方に有利な場所での戦いは禁物である。李逵と張順の戦いはいい例で、腕力では李逵のほうが有利でも、水中では李逵は張順になす術もないのである。

他人と争わねばならなくなった時は、まず自分の立ち位置を確認。自分のフィールドなら戦う。でも、相手のフィールドなら逃げる。再戦は自分のフィールドで。勝負に勝つにはそのくらいの周到さが必要だ。

三十九――宋江、反詩を吟じる

宋江は江州でのんびりと日々を過ごした。

ある日、戴宗を訪ねるが生憎留守、李逵はどこにいるかわからず、張順を訪ねて街はずれにゆくと、潯陽江のほとりにながめのいい料理屋、潯陽楼があった。宋江は一人で酒を呑み、酔いがまわると心寂しくなった。三十歳を越えて立身も出来ず流人の身、そもそも立身する気があったのかは疑問、いや、あったから役人になった。でも、上司に賄賂を贈らず、困っている人や旅人に銭を与えていた。宋江は自身の身の上を詩にして壁に書いた。いつか立身したら、この詩を見に、また潯陽楼を訪れよう。その日は牢城へ帰り、翌日には詩を書いたこともすっかり忘れていた。

江州から潯陽江の対岸に無為軍《むいぐん》という街があり、退職した官吏の黄文炳《こうぶんぺい》という男がいた。自分より能力のある者は陥れ、能力のない者はとことん馬鹿にするという嫌われ者だが、江州の知事に宰相の蔡京の九男、蔡九が赴任したので、時々江州の役所におべっか詣でをしていた。今一度役職に返り咲きたいという想いからだ。黄文炳は江州に行ってもいつも蔡九に会えるわけでもなく、この日も会えずに帰り道、潯陽楼に寄った。そこで宋江の詩をたまたま見てしまう。黄文炳は宋江の詩を叛逆者の詩と解釈、宋江自身が書いたことを確認すると急ぎ江州へ引き返した。謀叛人を告発すれば、官吏に返り咲くのも夢ではない。

黄文炳の告発を聞いた蔡九は宋江を捕らえよと戴宗に命じる。戴宗は驚き、神行歩で一足先に牢城へ走り、宋江に気がふれているふりをしてくれと言い、すぐに役所に戻って捕吏を連れ牢城に行き、宋江を捕縛する。黄文炳は宋江の気がふれている芝居はすぐに見抜き、蔡九に拷問を進言する。宋江は「反詩ではなくただいたずらに書いた詩」であると言う。気がふれていなければ、謀叛人として処罰することとなる。蔡九は父の蔡京の判断を仰ぐべく手紙を書き、戴宗に開封に走るよう命じる。戴宗は開封で宋江の減刑工作をするつもりで賄賂の銀を持ってゆく。そして、李逵に宋江のことを託して、開封に走る。

季節は六月。戴宗の足は速く、三日で山東に着いた。ここの居酒屋で一休みすると、なんと体が動かなくなった。そこは梁山泊の見張り居酒屋で、主人は朱貴だった。懐の銀塊を見てしびれ薬を飲ませたのだが、朱貴は戴宗の手紙を見て驚いた。呉用の旧知の戴宗で、しかも手紙は宋江の処断を問う内容。朱貴はすぐに戴宗を介抱し、ともに梁山泊の呉用のもとへゆく。晁蓋は戴宗の話を聞き、すぐに江州に宋江を助けに行こうと言うが、呉用と公孫勝は、蔡京の偽手紙を作り、宋江を開封に護送せよと書き、道中で宋江を奪還するほうがよいと言う。

すぐに偽手紙を作るため、偽造文書の得意な書家の蕭譲《しょうじょう》と、印鑑職人の金大堅《きんだいけん》が梁山泊に招かれる。招かれると言っても、半ば誘拐であるが、蕭譲と金大堅も結構やんちゃで、梁山泊の一員となる。

そうして偽手紙を携え、ふたたび戴宗は江州に走る。しかし、戴宗が旅立ちしばらくして、呉用は自分の作戦の誤りに気づいた。

「ノート23」優秀な事務

呉用の偽手紙作戦は見事に失敗する。蕭譲と金大堅の仕事に間違いはなかったのに。この二人はいったい何のために梁山泊に入ったのか。「水滸伝」読者は思う。腕は確かなのに作戦失敗でいいところなし。あとはほとんど出番もない。

もともと、文書偽造と偽印鑑作りが仕事の二人だ。どの道、いつかは落草《らくそう》して梁山泊に来たかもしれない。

だがやはり、梁山泊が組織として確立してくる、この時期に、蕭讓と金大堅の参加は重要なのである。物語の上では活躍しなくても、組織運営にとっては、なくてはならない存在。軍を動かすにも兵站は必要、城壁や柵、家屋の建設や修繕の資材調達も重要だ。それらを書類で管理するのが彼らの役割。そうした事務で呉用を補佐し、梁山泊を運営する、梁山泊の司令塔が実は蕭讓と金大堅と、のちに加わる裴宣《はいせん》や蔣敬《しょうけい》になるのだ。企業で言えば、総務や人事に当たる。物語には描かれない活動が組織を動かすのである。

四十――白龍《はくりゅう》廟《びょう》に英雄集う

蔡京と蔡九は親子である。親子の書簡にいちいち印鑑は使わない。この偽手紙は見破られると、呉用は言う。

一方、戴宗はまたも数日で江州に戻り、偽手紙を蔡九に届けた。案の定、黄文炳が偽手紙を見破り、戴宗も捕らわれる。黄文炳は、梁山泊の連中が牢破りに来るかもしれないので明日にでも戴宗と宋江を処刑するように言う。しかし、江州の役人は戴宗とは旧知で、なんとか助けたいと思う者ばかりだった。そこで、祭日だとか天子の誕生日だとか、処刑を延ばし、五日後の処刑ということになった。

　そして、五日が経った。蔡九は五百の兵士と、七十の牢役人に刑場を守らせた。これで梁山泊に襲われることもないだろう。野次馬は二千人以上集まった。昼が過ぎ、いよいよ宋江と戴宗が刑場に引き出された。

　その時、刑場の東から数人の蛇使いの乞食が、西から膏薬売りの大道芸人が刑場に入ろうとして兵士ともみ合いになった。今度は北から、商人たちが二台の荷車で押し入って来た。兵士たちは必死で止めた。南からは人足たちがやって来る。処刑の時刻が来た時、商人の一人が荷車の上で銅鑼を鳴らした。と、蛇使いたちは短刀を抜いて、もみ合っていた兵士たちを次々に殺しはじめた。大道芸人と人足は棒をふりまわしてなだれ込んだ。と、今度は一人の色の黒い大男が酒屋の二階から刑場に飛び込む。大男は二丁の板斧をふりまわして兵士たちをなぎ倒してゆく。商人たちは、宋江と戴宗を荷車に乗せると、一人が弓を取り、荷車に近づく兵士たちを射はじめた。

　商人は、晁蓋、黄信、呂方、郭盛、弓を射ている商人は花栄、大道芸人は、燕順、劉唐、杜遷、宋万、人足は、王英、鄭天寿、朱貴、石勇、蛇使いは、阮小二、阮小五、阮小七、白勝、二階から飛び降りた黒い大男は李逵だった。晁蓋は李逵を見て、「あの黒い大男について行け」と命じる。李逵は次々に兵士たちを殺し、一角を崩して走り出した。晁蓋らはそれに続き城外へ逃れた。

一同は六、七里走り、潯陽江のほとりに着いた。そこは白龍廟。晁蓋は宋江と戴宗を休ませるに、気を失っていた二人はようやく回復する。だが、江州城の兵士たちは軍を立て直して追って来る。阮小二らが舟を調達しに行こうとしたところ、潯陽江を船団がやって来た。李俊、童威、童猛、李立、穆弘、穆春、張横、薛永、それに張順だ。張順が宋江の処刑を掲陽鎮に知らせ、李俊らが助けに来たのだ。

四十一——張順、黄文炳を捕らえる

追撃して来た江州軍は四、五千はいたが、李逵が斬り込み、花栄が弓で援護し、黄信、呂方、郭盛も暴れまくり、江州軍は退却した。ころあいよしと、李逵たちを船に乗せ、晁蓋らは掲陽鎮へ引き上げた。

宋江はなんの恨みもないのに、自分を陥れた黄文炳に仕返しをせねば気が済まぬと言うが、晁蓋は黄文炳は周到な奴だから罠を仕掛けて待っているだろうから今回は引き上げようと言う。だが、宋江は時間が経てば敵は守りを固めるから、容易に討つことは出来ないと言う。とりあえず、地理に明るい薛永が無為軍に偵察に行く。すると、侯健《こうけん》という男を連れて戻る。侯健は仕立て職人で、黄文炳に雇われて屋敷にいた。侯健は薛永の武術の弟子で、宋江らへの協力を申し出る。

侯健から無為軍の街の情報は得た。宋江が指揮を取り、無為軍攻撃を行うこととなる。侯健、薛永、白勝、杜遷、石勇が無為軍に潜入、他の者は船で無為軍へ。朱貴と宋万は掲陽鎮に残った。宋江らは城壁を乗り越え、侯健、白勝の案内で黄文炳の屋敷へ行き一家の者を皆殺しにした。騒ぎ始めた街の人たちに、城門に隠れていた杜遷が「梁山泊数千で街を包囲している。命が惜しくば騒ぐな」と怒鳴ると、街の人たちは自分の家に戻り、兵士は我先にと逃げ出した。杜遷と石勇が城門を開け、宋江らは引き上げる。一方、黄文炳は江州にいたが家が火事との知らせが届き、官船で無為軍に向かうが、張順の船に捕らわれる。

一同は掲陽鎮へ引き上げ、張順が黄文炳を捕らえたので、宋江は大喜び。李逵が黄文炳を斬り刻む。

李俊や穆弘らも梁山泊に合流することとなり、朱貴と宋万が先に梁山泊に戻り、残りは穆弘の家族らと家財もまとめて梁山泊に旅立った。

途中、黄門山《こうもんざん》で、欧鵬《おうほう》、蔣敬《しょうけい》、馬麟《ばりん》、陶宗旺《とうそうおう》が仲間に加わる。欧鵬は元揚子江の兵士、蔣敬は落第書生で算術の達人、馬麟は鉄笛の名人で、陶宗旺は元農民。

一行は梁山泊に着き、留守を守っていた、呉用、公孫勝、林冲、秦明が出迎える。
晁蓋は頭領の座を宋江に譲ろうとするが、やはり、頭領の座には晁蓋が着き、もとから梁山泊にいた者が左、新参が右に座し、席順は後日決めることとし宴会となった。

［ノート24］頭領選び

梁山泊では、宋江が入山したために、晁蓋は頭領の座を退き、宋江に譲ろうと考える。この時点で、梁山泊の頭領候補となりうる人物は何人かいる。

現頭領の晁蓋、知名度とカリスマ性の宋江、実際に梁山泊を運営している呉用、晁蓋の前から梁山泊にいて武芸の腕ではナンバー1の林冲、青州では官軍の将軍だった秦明、清風鎮の守備隊長だった花栄、清風山の頭領だった燕順に、李俊や穆弘も闇商人や掲陽鎮の親分であり相応の人を動かしていたリーダーである。

だが、李俊、穆弘は新参ゆえ、いきなり頭領というわけにもゆくまい。燕順は三百くらいの清風山の頭領としては適任だが、拡大する梁山泊の頭領にはいささか力不足である。格で言えば元将軍の秦明だが、清風山との戦いでカッとして罠にはまったあたり、全体の統括者としては不向きかもしれない。そこにいくと花栄のほうが頭領には適任かもしれないが、花栄も実際に大軍を率いて戦ったことがなく、経験値に不安を残す。林冲も戦士としては優秀だが、軍の統率者ではない。呉用は統率者としての資質はあるが、あくまでも軍師であって、実際に呉用が頭領となった時に兵が従うかは疑問である。

結果として、晁蓋か宋江になるのだが、彼らも大軍を率いての実戦経験はないが、呉用と公孫勝が軍師としてサポートし、秦明、林冲、花栄らが実戦部隊として動けばいいのである。二人には、知名度や義侠心からくるカリスマ性が大きいのだ。

そして、晁蓋と宋江で頭領の座を譲り合うのであるが、最終的には晁蓋が宋江より十歳ほど年上だったので、晁蓋が頭領の座に着くこととなる。長幼の礼というのも、頭領選びの条件の一つとはなるのだろう。

四十二――宋江、天書を授かる

宋江は宋家村の父と弟、宋清が心配だと言う。もっともな話で、江州の刑場破りや、無為軍の襲撃は鄆城の役所に伝わっているはず。謀叛人の家族として、父、弟が捕らわれる。だが、いま、梁山泊から鄆城に軍を出すわけにはゆかない。

そこで宋江は単身、梁山泊を下り、宋家村に急いだ。宋江は夜陰に家に入ると、宋清はすでに宋江の江州での一件を知っていて、しかも謀叛人を捕らえようと、二百人の捕吏が宋家村を囲んでいるのだという。宋江はすぐに踵を返し、梁山泊へ急いだ。だが、すぐに追っ手がかかった。趙能、趙得がふたたび宋江を捕らえて手柄にしようと待ち伏せていた。

宋江は還道村《かんどうそん》というところまで逃げたが、そこは山に囲まれた村で、追い詰められた。宋江は古い廟に隠れた。趙能、趙得は廟を見つけて調べようとするが突風が起こる。手下の捕吏たちが気味悪がるので、宋江は袋の鼠だから村の入口を見張ろうと行ってしまう。

宋江は難を逃れた。すると童女が現われ、主人が宋江に会いたがっていると言う。童女に導かれ、外に出てしばらく行くと宮殿があった。そこには女神がいた。女神は天界で宋江の同僚だったと言い、天書三巻《てんしょさんかん》を宋江に授ける。縦五寸横三寸厚さ三寸の書物で、危難の時に宋江たちを救ってくれるのだという。宋江が宮殿を出るとそこはさっきの廟の前。廟には九天《きゅうてん》

宋江、九天玄女に遇う

玄女《げんにょ》という女神が祀られていた、
　宋江が村の入口へ行くと、趙能、趙得は捕吏たちと見張っていた。しかし、捕吏たちが逃げ出しはじめた。見ると二丁の板斧を手にした大男が捕吏たちの中に飛び込んで板斧をふりまわしていた。李逵だ。李逵は逃げる趙能を真っ二つ。しばらくすると、劉唐、欧鵬らが現われる。晁蓋は宋江が梁山泊を出たあと、戴宗を行かせたが、趙能、趙得が宋江を追っていることを知った戴宗が、晁蓋に報告。晁蓋は李逵、劉唐らと手勢二百で宋江を探しに下りて来たのだ。父と宋清も戴宗が梁山泊に連れて来ていた。一同は宴会となる。
　しばらくして、公孫勝が故郷の薊州《けいしゅう》に老母がいるので会いたいと旅立ってゆく。さらには李逵も故郷の沂水に老母がいるから、是非、梁山泊に呼びたいと旅立ってゆく。

第三章　宋江入山で飛躍する梁山泊
――組織成長のカギはカリスマの存在か、人材の多様性か

宋江が梁山泊に入山した。頭領は晁蓋だが、知名度とカリスマ性を持ったリーダー候補の宋江登場の意味は大きい。

宋江入山の頃に、梁山泊は飛躍的に発展してゆく。官軍の将軍だった秦明の入山、秦明だけでなく元官軍の将校の花栄、黄信、彼らに従って来た兵士たちは、軍としての訓練を受け、軍事行動の出来る一隊だ。それまでも、林冲という優秀な下士官が指導者になり、山賊集団を軍として訓練して来た。それがより充実した形で形成される。

李俊、張横、張順らの入山は、それまで地元の漁師の阮三兄弟に任せられていた梁山泊守備の要《かなめ》である水軍の、さらなる強化に繋がった。水軍が充実し鉄壁の守りが固められたことで、梁山泊が軍として他国へ攻撃にも行かれることとなったのだ。

さらには、書家の蕭譲と、印鑑職人の金大堅、経理担当の蔣敬の加入は、この後加わる人事

のエキスパートの裴宣とともに、軍師の呉用を補佐し、大きくなる組織を支えることとなる。神行歩の術を使う戴宗の参加。物語では伝令的な役割を担うが、戴宗の役目は情報収集だ。そして、いよいよ梁山泊は祝家荘《しゅくかそう》戦、高唐州《こうとうしゅう》戦と、本格的な軍事行動を行ってゆく。

四十三——李逵、沂水嶺で四虎を退治する

宋江は李逵が間違いを起こしては困ると思い、沂水出身の朱貴を監視役としてあとを追わせる。案の定、李逵は沂水の町で呑気に高札をながめていた。それは宋江や李逵の手配書だった。朱貴はあわてて李逵を連れ、朱貴の弟、朱富《しゅふう》が営む居酒屋に連れてゆく。そこで夜を待ち、李逵は一人故郷へと向かった。

李逵は山道で追剝に遭うが、そやつは李逵の偽者の李鬼。叩き殺そうかと思ったが、李鬼は家には九十歳の母親がいるから許してくれと言うので、李逵は自分と重ね合わせて命を助け、銭までめぐんでやる。

しばらく行くと居酒屋があった。李逵が飯を食っていると、そこの主人が帰って来る。主人は李鬼で、女房に李逵に殺されそうになったが嘘をついて逃げた話をする。李逵は怒り、李鬼

の首を落とした。女房は逃げた。李逵は李鬼の肉を竈で焼き、飯のおかずにした。
李逵は故郷の村に戻る。母は目が見えなくなっていて、兄の李達《りたつ》と貧しい暮らしをしていた。
李逵は母を梁山泊に連れてゆき、楽な暮らしをさせてやりたいと、母を背負って山道をゆく。

［ノート25］家族と福利厚生

梁山泊では、晁蓋が入山した時に、晁蓋と阮三兄弟の家族のための家屋を作らせている。晁蓋らは捕吏に追われ、家族を伴い入山したため、家族の住居、生活空間は必須であった。やがて、秦明らの入山の時も、秦明、花栄の家族に、部下の兵士たちの家族が加わり、家族の居住区はさらに拡大する。そして、宋江入山の時には、穆弘一家や、李俊の手下の家族が加わる。宋江の父や、その一族、使用人らも加わる。

家族には、女や子供、老人がいる。その生活区域が梁山泊の中にはきちんと作られている。組織が大きくなるに従い、家族も含めた住居や、生活の面倒も見ているということで、これはかなり充実した福利厚生と言えよう。

李逵が貧しい暮らしの母を、梁山泊に連れてゆきたいと思うくらい、梁山泊での家族らの暮らしは豊かだったということで、企業においては家族が安心して暮らせる環境を作ることも、優秀な人材確保には重要なことの一つであろう。

李逵は母を背負って山道を急いだ。母が「水が飲みたい」と言うので、李逵は母を一人置いて、水を汲みに行った。これが誤り。虎が出て、母を食い殺してしまった。李逵が戻ると母の姿はなく、しばらく探すと二匹の子虎が母親の足を食べていた。「よくもおふくろを食いやがったな」。李逵は怒り子虎二匹を叩き殺す。すると、今度は親虎二匹が出て来た。しかし、本気で怒る李逵の前では虎も敵ではない。たちまちに親虎二匹も二丁板斧の餌食となった。

しばらく行くと猟師たちと会い、虎退治を感謝された李逵は村で歓待を受ける。李逵は手配書のことを朱貴から聞いていたから、張と名乗る。だが、李鬼の女房が李逵を告発した。村人たちは李逵に悟られないようにどんどん酒を呑ませ、酔い潰れたところで縛り上げてしまった。すぐに、捕吏の李雲《りうん》が呼ばれた。

李逵が捕らわれたことは沂水の街の噂となり、朱貴と朱富の耳にも入った。朱貴と朱富は、李逵を護送して来る李雲を街道の人気の少ない場所で待ち、酒と肉をふるまった。李雲は朱富の武芸の師匠だった。李雲は酒が飲めなかったが、朱富が一杯だけとすすめたので口にする。勿論、酒にはしびれ薬。李雲と部下はバタバタと倒れる。縄を解かれた李逵は、李鬼の女房と村人を三十人ほど叩き殺した。朱貴が必死で李逵を止めた。三人はしばらく山道を逃げてゆくと、李雲が一人追って来た。

四十四――楊雄、石秀と会う

朱富が李雲を説得し、李雲も梁山泊に加わることとなり、四人は梁山泊へ行く。晁蓋と宋江は、李雲と朱富の入山を喜ぶ。

呉用は梁山泊の見張り居酒屋を、今までの朱貴の店だけでなく、あと三軒増やすこととした。

「ノート26」人事編成1

宋江入山後は、それまで林冲が行って来た軍事調練を、秦明、花栄、黄信らに、花栄の部下たち、官軍の将軍、将校、下士官たちも担うこととなる。武術の鍛錬と戦闘訓練に加えて、移動、城攻め、広域戦闘、陣形戦など軍としての訓練が行われるようになる。本格的な戦闘の準備が着々となされてゆく。

居酒屋を増やしたのは、情報収集が第一にある。宋の時代は居酒屋の噂話がもっとも重要な情報源だった。また居酒屋を増やすことが人材確保にも繫がる。梁山泊入山の窓口を開いたことになる。

増やした三軒は、童威、童猛兄弟、李立とその手下、石勇がそれぞれ店を任された。李立はもともと掲陽嶺で居酒屋を経営していた。石勇は朱貴が沂水に行っている間、店の留守を任された、その実績が買われたのだろう。

童威、童猛兄弟は塩の闇商人なので、仮に居酒屋を任され、のちには水軍を担う。

また、杜遷は城門の管理、陶宗旺は土木工事を、宋万と白勝、王英と鄭天寿は梁山泊側の船着き場の守備、呂方と郭盛は聚義庁《しゅうぎちょう》(梁山泊本営)の守備、と、梁山泊の守りも固められてゆく。

蕭譲と蔣敬、金大堅は倉庫の管理、物資の出納管理と、それにともなう書類作成、管理、穆春と朱富は経理、侯健は旗や衣類の作製、管理、李雲は家屋の建築、馬麟は造船、宋清は宴会と、事務や製造の役職も配置される。

宋江は、薊州に行った公孫勝が戻らないのが心配になり、戴宗を探りに行かせる。

戴宗は沂水を過ぎたところで、楊林《ようりん》という男と会う。楊林は北の地理に明るかったので、二人は旅の道連れとなる。神行歩の術は甲馬の力で一人だけ道連れを戴宗と同じ速さで走らせることが出来る。

半日走り、飲馬川という山で、裴宣《はいせん》、鄧飛《とうひ》、孟康《もうこう》と会う。三人は楊林の知り合いだった。裴宣は元裁判官で正義の人、悪徳役人の罠に掛かり落草、鄧飛は鉄鎖の使い手、孟康は元船大工。

戴宗は裴宣に梁山泊への合流をすすめる。

戴宗と楊林は旅を続け、薊州へ着く。そこで、楊雄《ようゆう》という牢役人と会う。処刑の帰り道だった楊雄に、張保《ちょうほ》という守備隊の兵士が道をふさぎ、銭を強請る。楊雄が拒むと屈強の兵士たちが楊雄を囲んだ。そこへ薪を担いだ男が現われ楊雄を助けた。張保が逃げたので、楊雄はあとを追った。

戴宗と楊林は薪の男を居酒屋に誘った。薪の男は石秀《せきしゅう》といった。三人が呑んでいると、楊雄が大勢手下を連れてやって来た。それを見て、戴宗と楊林は逃げた。楊雄は石秀を探していた。助けられた礼を言う。二人は酒を酌み交わし義兄弟となった。石秀は薪売りで細々暮らしていたので、楊雄は妻の実家の肉屋を手伝わないかとすすめる。石秀の父は肉屋だったので渡りに船の話だった。

四十五――石秀、裴如海を殺す

石秀は楊雄の妻、潘巧雲《はんこううん》の父の肉屋で働く。

潘巧雲は楊雄が牢城勤めで留守を幸い、裴如海《はいにょかい》という破戒僧とわりない仲になっていた。石秀は潘巧雲と裴如海の関係を知ってしまう。

石秀はことの次第を楊雄に告げる。だが、潘巧雲は楊雄に、石秀が色目を使うから追い出して欲しいと言う。そのことを知った石秀は楊雄に何か言われる前に家を出る。だが、それは石秀の計略で、石秀はまず裴如海を刺し殺す。

四十六——石秀、祝家に放火する

裴如海殺しは街中の騒ぎになる。楊雄は裴如海殺しは石秀だと思い探すに、街はずれで石秀に声を掛けられる。石秀は自分は間違っても義兄の妻に色目を使うことなどないと言う。楊雄もすべてが潘巧雲の嘘だと知る。

楊雄は石秀と計り、翠屏山《すいへいざん》というところへ潘巧雲を連れ出して殺す。

石秀は楊雄にともに梁山泊へ行こうと誘う。そこに、こそ泥の時遷《じせん》が加わり、三人は梁山泊へ向かう。

楊雄、石秀、時遷は、旅をすること数日、もうすぐ梁山泊というところで一軒の宿屋に泊まる。夜、時遷が鶏を一羽盗んで来た。肉のない食卓は寂しいので、これ幸い。宿の者はもう寝ているので、明日の朝、銭を払えばよかろうと、三人は鶏鍋にして食べる。

翌朝、宿の者が怒った。銭を払うと言う石秀に「大事な鶏で銭の問題じゃない」と殴りかかって来るので、石秀は宿の者を叩きのめした。五、六人の宿の者が出て来るが、三人で叩きのめしてしまう。多分、仲間を呼んで来るだろう。あまり大勢来られると面倒だと、三人は逃げる。追っ手は二百人くらいで、だんだん三人に迫った。楊雄、石秀は刀で追っ手を斬り倒しながら逃げたが、時遷が捕まった。

楊雄、石秀はようやく逃れ、一軒の居酒屋に辿り着く。そこである大男と出会う。

四十七——宋江、祝家を攻める

大男は杜興《とこう》、昔、楊雄が命を助け、今は李家荘《りかそう》の執事をしている。楊雄たちが暴れたのは隣村の祝家荘だから、李家荘の主人、李応《りおう》が掛け合い、時遷を助けてくれるという。

杜興は楊雄、石秀を連れて李応の屋敷へ行く。李応は義侠の人で、時遷を解放するよう、すぐに祝家に手紙を書いた。だが、祝家は李応の手紙を無視した。李応は杜興に手紙を持たせるに、祝家の三男の祝彪《しゅくひょう》に「時遷は梁山泊の賊だ」と怒鳴りつけられたと言う。

やむなく李応が馬に乗り祝家に行く。祝彪は李応の話には耳も傾けず、弓で李応を射た。楊雄、石秀、杜興が飛び込み、なんとか李応を助けた。李応は屋敷に戻り、杜興が傷の手当てをした。

楊雄と石秀は、こうなっては梁山泊に助けを求めるしか道はないと、李応に別れを告げ、梁山泊へ急ぐ。楊雄と石秀は、石勇の居酒屋に寄る。石勇は戴宗から石秀のことを聞いていたので、すぐに二人を梁山泊に渡す。

楊雄と石秀は、時遷と祝家の一件を晁蓋らに話し助けを求める。すると、晁蓋は烈火のごとく怒り、「この二人を斬り捨てよ」と言う。梁山泊はもはや賊徒ではなく、正義の好漢の集まりだ。それが、鶏泥棒、それを咎めた村人を叩きのめして逃げた、そんなことが許されるわけはない。楊雄と石秀を斬り、梁山泊の規律を他の者たちに示さねばならない。

だが、宋江は晁蓋に異を唱える。祝家は私兵を雇い、梁山泊討伐などと言っている連中で、二人が梁山泊を頼って来たのが幸い、祝家を攻め潰してしまおう。そして、呉用も、頼って来た者を斬っては義に反すると言う。皆に言われ、晁蓋も思いとどまり、楊雄と石秀の歓迎の宴となる。

そして、宋江の指揮のもと、祝家攻めの準備が行われる。今回は、晁蓋は梁山泊の留守を守ることとなった。

宋江は、花栄、李俊、穆弘、李逵、楊雄、石秀、黄信、欧鵬、楊林ら三千で梁山泊を下り、第二陣は、林冲、秦明、戴宗、張横、張順、馬麟、鄧飛、王英、白勝ら三千が続いた。

宋江は石秀と楊林を別々に斥候《せっこう》に出す。石秀は薪を背負って、祝家に向かった。しばらく行くと人家があり、石秀は村人から、もうすぐ梁山泊と戦争がはじまること、ここは祝家荘という村で、村長が祝奉朝《しゅくほうちょう》、村長には三人の息子がいて、祝龍《しゅくりゅう》、祝虎《しゅくこ》、祝彪、家は二万ある。隣村の李家荘、扈家荘《こかそう》からも応援が来る、また村の入口は迷路になっている、入るのは容易だが一度入ると出ることが出来ない仕組みになっているなどの情報を得る。

石秀はさらに、薪をあげるからと言い、迷路の通り抜け方を尋ねる。村人は鐘離《しょうり》という親切な人で、白楊《しろやなぎ》が目印で、白楊の木を曲がると村に辿り着く、曲がらないと行き止まりや、あるいは罠に落ちる場合もあると教えてくれる。

石秀は梁山泊に知らせに戻ろうと思うが、「密偵を捕らえた」という声がし、見ると、楊林が村人たちに縛られて来た。どうやら白楊を曲がらず罠に落ちたらしい。鐘離は今出て行くと梁山泊の密偵と間違われるから一晩泊まってゆけと言う。石秀は鐘離の家に厄介になる。

一方、宋江は、石秀と楊林が戻らないので、欧鵬を斥候に出すとすぐ戻って来て、楊林が捕らわれたことを報告する。もはや一刻も猶予は出来ないと思った宋江は、李逵と楊雄を先鋒、左は穆弘、右は黄信、中央に宋江と花栄、李俊を後詰に、攻撃に出る。梁山泊軍が祝家の前まで来ると、あたりが静か。宋江は罠に掛かったことに気づく。

四十八――扈三娘《こさんじょう》、王英を生け捕る

宋江らは囲まれた。やむなく退却を命じるが、迷路から出ることが出来ない。そこに石秀が現われ、白楊の目印を教えたので、宋江らは無事退却をはじめる。また、敵の動きが提灯の合図で行われているのがわかり、花栄が弓で提灯を射て動きを封じる。

しばらく行くと、秦明率いる第二陣が到着し、伏兵を次々に撃破していった。祝家軍の伏兵は散り散りになり、宋江らは秦明らと合流する。点呼をすると、黄信が迷路の罠で捕らわれていた。

楊雄は祝家の情報を李応に尋ねることをすすめる。宋江は軍を秦明に任せ、楊雄と石秀のみを供に、李家荘に赴く。李応は宋江に会えば梁山泊に通じたと、あとで祝家が役人に訴えるだろうから、矢傷を理由に面会を拒む。代わりに杜興が祝家の情報を伝える。

このあたりは独龍岡《どくりゅうこう》といい、祝、李、扈の三つの村がある。今回の件では李家荘は中立を保ち、祝家へ援軍は出さない。だが、扈家荘の娘で女戦士の扈三娘は祝彪の許嫁で、扈三娘が祝家の援軍に出るはず。宋江は杜興に感謝し、李家荘を辞した。

第二次攻撃は、宋江自らが先鋒を務め、欧鵬、馬麟、鄧飛、王英が従う。花栄、李逵、穆弘らは左右に配置された。

宋江は、秦明ら第二隊に正面を任せ、自らは独龍岡の裏に迂回、欧鵬と王英を率いて裏門に突入した。そこへ一隊が阻んだ。扈家からの扈三娘率いる援軍だ。相手が女戦士と見て、王英が喜んだ。女と見ればなんでも喜ぶ。いの一番に戦いを挑むが、あっさり負けて生け捕りにされる。一気に宋江を捕らえよと、祝龍が三百の手勢を率いて出て来た。馬麟が一人でこれを押さえ、鄧飛は宋江を守り、欧鵬が扈三娘と戦うも劣勢、宋江軍は押されるが、そこへ秦明軍が援軍に駆けつけた。

馬麟は祝龍軍を秦明に任せ、王英を助けに扈三娘と戦う。扈三娘と馬麟は互角。一方、祝家からは武芸師範の欒廷玉《らんていぎょく》が出て、欧鵬を鉄棒で打ち倒す。鄧飛が駆けつけ、欧鵬を助ける。欒廷玉は秦明と戦うが互角、欒廷玉が逃げるふ

扈三娘、王英を討つ

りをすると短気な秦明は追う、そこには罠。秦明は捕らわれる。

宋江は馬麟と鄧飛に守られ一時退却、祝龍、欒廷玉、扈三娘は宋江を追った。花栄、楊雄、石秀が駆けつけ追っ手を阻む。祝彪が五百を率いて出て来たので乱戦となる。扈三娘が宋江に迫った。そこへ林冲が駆けつけ、扈三娘を捕らえた。宋江らは村の入口まで退却する。

宋江は欧鵬を治療のため梁山泊に帰らせ、また捕らえた扈三娘をしっかりした兵二十名に守らせて梁山泊にいる宋江の父のもとへ行かせる。

二度の攻撃に失敗し、秦明らを捕らわれ落ち込んでいる宋江のもとへ、呉用が阮三兄弟と五百の兵を連れてやって来る。呉用には策があるようだ。

四十九——解珍《かいちん》・解宝《かいほう》、破獄する

呉用は、石勇と旧知の孫立《そんりつ》という男が一族を連れて入山を求めて来たが、孫立は欒廷玉の知り合いで、入山の手土産に祝家戦への協力を申し出ていると言う。

話は数日前、登州《とうしゅう》に解珍、解宝という猟師の兄弟がいた。この兄弟が大虎を退治した。その手柄を毛仲義《もうちゅうぎ》という者に横取りされ、さらには冤罪で訴えられ、二人は捕らわれてしまう。

毛仲義は牢役人に賄賂を贈り、牢内で二人を殺そうと考えた。

ところが、牢役人の下役の楽和《がくわ》の姉が、登州守備軍の将校、孫立の妻で、孫立の弟、孫新《そんしん》の妻の顧大嫂《こだいそう》が、解珍、解宝の姉だった。楽和の知らせで、ことが顧大嫂に伝わる。顧大嫂は義兄を半ば脅して仲間に引き入れ、さらには近くの登雲山《とうんざん》の鄒淵《すうえん》、鄒潤《すうじゅん》の叔父甥も仲間に加えた。

孫立ら七人は牢城を襲撃し、解珍、解宝を破獄させ、毛仲義一家を殺し、旧知の石勇を頼り梁山泊へ逃げて来た。

早速、孫立らは祝家の入口にある宋江の陣へ行き挨拶をした。呉用は戴宗を梁山泊へ走らせた。何やら、もう一つ策があるようだ。

五十――宋江、三度祝家を攻める

扈家荘の扈成《こせい》が宋江を訪ね、妹の扈三娘を返して欲しいと言って来た。宋江は祝家との戦いが終われば扈三娘は返すので、今後、祝家に援軍を出さないよう言う。扈成は約束し帰ってゆく。これで祝家は孤立した。

孫立は一族を引き連れて祝家へ行く。登州で騒ぎを起こしたので、欒廷玉を頼って来たから匿って欲しいと言う。欒廷玉は梁山泊との戦いに貴重な助っ人が来たと喜ぶ。祝奉朝は孫立を疑ったが、一行は孫立の妻や顧大嫂はじめ女たちも連れているので、間違いはなかろうと村に入れた。

三日後、宋江は祝家に攻撃を掛ける。孫立が出陣し、石秀を捕らえた。

五日目の戦いは東から林冲が五百を率いて攻撃、西は花栄が五百、南からは、穆弘、楊雄、李逵ら五百が来るので、いよいよ決戦だと、欒廷玉は西、祝龍は東、祝虎は南、祝彪は宋江のいる本陣を攻めようと出撃する。孫立は門を守備した。欒廷玉が城門を出ると、孫新、楽和が合図、解珍、解宝、鄒淵、鄒潤が牢を襲い、秦明、王英、黄信、石秀らを救出、顧大嫂も加わり、祝家の中で大暴れする。祝奉朝は石秀が斬り捨てた。出撃した祝軍は屋敷で火の手が上がったので引き返す。一番に戻った祝虎は門のところで孫立が倒す。祝虎を追って来た宋江のために孫立は門を開け、宋江らも祝家に突入し、祝家の兵士を斬りまくる。祝龍は林冲に追われて北に逃げると、李逵がいて二丁板斧の餌食になった。祝彪は扈家荘へ逃げ込むが、扈成が捕らえてしまう。だが、そこに祝龍軍を殺しまくり勢いに乗った李逵が現われ、祝彪もろとも扈家の村人を殺しまくった。扈成はどこかに逃げてしまう。

それを聞いた宋江は李逵を叱責するが、李逵は十分殺したので満足したと言う。李逵は扈家の人たちを殺して宋江が怒っているのは、扈三娘に惚れているからだと思っているようだ。

石秀は鐘離が祝家の情報を教えてくれたことを宋江に告げ、宋江は感謝し、祝家の蔵の一部を村に開放する。そして、祝家が村人を搾取して得た金銀は梁山泊へ持ち帰る。祝家戦は梁山泊の勝利で終わった。

一方、李応のもとへは、梁山泊に通じたとの疑いで捕吏が訪ねて来る。李応と杜興は捕縛されるが、道中で梁山泊が二人を奪還、李応と杜興が梁山泊に行くと、李応の家族や使用人も来ていた。実は、捕吏も戴宗らで、これは李応を梁山泊に招く呉用の策だった。

こうして、李応、杜興に、孫立らと、その家族や部下たちが仲間に加わった。そうして盛大な宴会が開かれた。

宋江はかつて清風山で、王英に嫁を世話すると言ったが、ここで王英と扈三娘を添わせることにする。扈三娘も家族を殺され、帰る場所はない。扈三娘も梁山泊の仲間となった。

そこへさらに、一人の旧知の男が訪ねて来る。

「ノート27」イメージ戦略

イメージっていうのは大事だというお話。

「水滸伝」において、もっともイメージ作りがうまいのは呉用だろう。

この人、もともとはただの田舎の寺子屋の先生だ。子供相手に読み書きを教えていた。それが晁蓋に信頼され、梁山泊という叛徒の大組織の軍師となる。勿論、知識はあるし、臨機応変にいろんな作戦は思いつく。事務能力にはかなり長けていると思う。初期の頃は梁山泊の兵站や、武器の確保などを一人で行っていた（勿論、配下の事務員は何人かはいたろうが、それを統括するのは初期梁山泊においては呉用一人だった）。しかし、実戦経験は皆無だし、孫子などの兵法書は読んだことはあるだろうが、それを活かす術は多分知らないんじゃなかろうか。

何故、その呉用に軍師が務まるのか。凄い軍師だと、梁山泊の面々に思わせちゃったことだろう。まず、生辰綱強奪から、王倫の排除まではすべて呉用の作戦通りにうまくいった。これで、晁蓋、劉唐、阮三兄弟の信用を得た。旧梁山泊では、林冲が信頼をしたため、他の者も呉用を信頼した。軍師の座に就いてからは、事務をうまくこなす。だいたい好漢などと言われている人は銭勘定には無頓着だから、そうした事務を任せられる存在がありがたく、ますます呉用の信頼は増していったのだろう。

第一、白の道服を着て、扇子なんぞを持ち、諸葛孔明もどきの身形《みなり》をしていることでも、「呉用殿は諸葛孔明ばりの名軍師だ」と兵たちに思わせてしまったところがある。つまりイメージの作り方がうまいのだ。そういうところは頭がよすぎる。

祝家荘戦では、宋江が指揮をとり二度の攻撃に失敗している。これも宋江がせっかちで、斥候の石秀が戻ってから、その情報によって攻めていれば、もっと早くにけりがついていたかもしれない。

そして、三度目の攻撃の時、呉用がやって来て、さも何か特別の作戦があるかのようにふるまう。なんのことはない、孫立らが欒廷玉と知り合いで、内通して攪乱するというだけのことで、手柄は孫立たちにあるし、実は宋江の二度の攻撃で祝家をかなり弱らせていたというのもあるのだが、宋江は秦明や王英が捕らわれたことばかりを強調し過ぎていた。さも呉用の作戦で祝家が陥落したかのような印象がある。そのイメージ操作も、呉用自身のイメージ戦略のうまさなのだろう。

人事評価を上げるには、数字以上にイメージも大切ということだ。

［ノート28］社内結婚

王英と扈三娘の結婚の話が出たので、社内結婚について。

「水滸伝」の百八星には三人の女性が登場する。女性活躍社会においては少なすぎるが、それでも三人いるというのが凄いと言えば凄い。しかも三人とも、かなりのやり手である。

そのうちの孫二娘と顧大嫂は登場時に夫がいて、夫婦で梁山泊に加わる。扈三娘だけが登場時は敵方で、祝家の援軍として宋江軍を苦しめる。だが、林冲に捕らわれ、李逵に家族を皆殺しにされたために、梁山泊に加わることとなる。

この時点で、梁山泊には孫二娘はまだ加わっていず、顧大嫂は実力は並の男以上だが、あくまでも孫立の一族の者の一人である。扈三娘の立ち位置は難しいところであるが、宋江は王英の妻という位置を与えたことで、彼女を梁山泊の一員とした。

昔の宋の時代で、女性の権利が制限されていた時代であるから、王英の身内という位置が扈三娘にとってもその後の活躍の場を作るには都合がよいのかもしれない。

現代は女性が一人で普通に仕事をして生きられる時代である。結婚をするしないも自由であり、結婚するとしても誰としようと構わない。ただ、出会いの場所が限られるため、今でも会社の同僚と結婚するなどということは多いのかもしれない。

その場合、夫婦で同じ会社にいると気まずいのか、妻が会社を辞めてしまう場合が多い。中には妻のほうが能力が上で夫が会社を辞めることも増えてきているかもしれないが、たいていは妻が会社を辞める場合が多い。会社の都合もあるが、働いている側が、生活全般を会社に委ねるようで嫌だというのも現代の人の感覚であるのかもしれない。

確かに終身雇用も崩壊しつつある現代、家族で同じ会社にいるのもいかがなものかというのもわからなくはない。だが、夫婦で同じ職場にいれば、わかりあえる部分も多く、より強い連携が得られる場合もある。

別に職場結婚をすすめるわけではない。個人が夫婦で同じ職場で働きたくないのなら辞めるのは自由だ。だが、会社が結婚を理由にどちらかに退職をうながすのはいかがなものか。損得の比率を考えれば、夫婦で働くのは得なことも多いような気がする。めでたいはずの結婚（めでたくないと言う人もいるが）で、どちらかが我慢を強いられるのはよろしくない。会社にも配慮が必要だ。

五十一――朱仝、小児を失う

訪ねて来たのは、鄆城の捕吏の雷横だった。いや、たまたま東昌府《とうしょうふ》への旅の帰路、通りかかったのを朱貴が呼び止めた。宋江は雷横に梁山泊の仲間入りをすすめるが、老母がいるのでと断わり、鄆城へ帰ってゆく。

この頃の梁山泊では、さらに仲間が増えたので人事が再編成された。

［ノート29］人事編成2

やはり情報収集の重要性から、四方の居酒屋が強化される。童威と童猛に代わり、孫新、顧大嫂が一軒の担当になる。他、朱貴の店には楽和、石勇の店は時遷、李立の店は鄭天寿が補佐の任に就く。新参の孫新、顧大嫂、楽和、時遷に任務が与えられたが、孫新、顧大嫂はもともと居酒屋を経営していて、しかも夫婦というのが適材適所な配置だろう。

王英と扈三娘夫婦は、梁山泊の裏手の牧場で馬の管理、もう一人の新参の女性にも任務が与えられた。

居酒屋をはずされた童威、童猛は船着き場の守備に、もう一つの船着き場は、新参の鄒淵、鄒潤の叔父、甥が任された。

守備の強化で梁山泊には出城が作られ、正面は燕順と黄信が騎兵部隊を配置、山の第一の門は解珍、解宝、第二の門は杜遷と宋万、第三の門は劉唐と穆弘が守備する。阮三兄弟は水軍、元船大工の孟康は造船の監督、陶宗旺と薛永は城壁、柵の修繕、李雲と穆春は住居の建築、侯健は衣服、旗の製造を担当する。

蕭譲と蔣敬、金大堅は文書の管理や経理を、朱富と宋清は宴会。新たな役職として、裴宣が軍政司となって論功賞罰を管理する、人事部が出来たのだ。聚義庁（梁山泊本営）の守備は、呂方、郭盛に代わり、楊雄、石秀が就き、他の者は本営や周囲の塞に居を構え、調練に当たった。

それぞれが旧職業を活かした役割に就いた。


雷横は鄆城へ戻ると、なじみの幇間《たいこもち》の案内で芝居小屋に行く。白秀英《はくしゅうえい》という美女の芸人がたいそうな人気だという。だが、雷横、この時、銭を持たずにいたので、白秀英に渡す祝儀がなかった。これには白秀英の父の白玉喬《はくぎょくきょう》が怒った。白玉喬が「馬の骨野郎」と罵ったので雷

横は堪忍袋の緒が切れ、白玉喬を蹴り倒して帰った。翌日、雷横は捕らわれた。白秀英は新任の知事のお気に入りだったのだ。

雷横の老母は息子が縛られているのを見て驚き、縄を解こうとする。たまたま通りかかった白秀英が「おいぼれ」と罵り、老母を殴った。雷横、我慢の限界だった。手にはめられた枷で一撃、白秀英を殺した。

朱仝が老母をなだめ、「あとは任せろ」と言う。朱仝は護送中に雷横の縄を解き、老母を連れて逃げろと言う。

白玉喬は朱仝がわざと雷横を逃がしたと訴えたので、今度は朱仝が捕らわれ、滄州に流罪となった。

朱仝はもともとは金持ちの家の出で、温厚で教養のある人物、関羽《かんう》に憧れて長い髯を伸ばしていた。朱仝は微罪なので牢城へは行かず、州役所で下働きをすることとなった。すると、知事の幼い子供が朱仝のことを気に入り、「髯爺」と呼んでなついていたので、知事は朱仝に子守を命じた。

やがて、年が明け、元宵がやって来た。朱仝は子供を連れて灯籠見物に出掛けた。すると、雷横に呼び止められた。雷横はあれから老母を連れて梁山泊に行った。自分のために滄州で子守をさせられている朱仝を気の毒に思い、ともに梁山泊へ行こうと誘う。呉用も現われて説得するが、朱仝はここで恩赦を待つと言う。ふと見ると、子供がいなくなっていた。朱仝はあわてて探すに、子供は森の中で殺されていた。殺したのは李逵だった。知事の子供を殺されては、朱仝も梁山泊に行くしかない。

だが、朱仝はどうしても李逵を許せなかった。朱仝が李逵を追っていくと、そこは柴進の屋敷だった。

「ノート30」目的のためには手段を選ばない

宋江の人材獲得で、一番酷いのは秦明の時だと前に書いたが、朱仝の時はさらに悪辣になっている。

秦明の時は犠牲になったのは秦明の家族だった。まぁ、縁が繋がっていたんだから、仕方がないとは言わないが、まったく関係がないとも言い切れない。朱仝の時は、朱仝が子守をしていた子供を殺して、朱仝の退路を断った。これはいくらなんでもないだろう。

いや、宋江も呉用も、なにも李逵に子供を殺せとは命じてはいまい。命じてはいなくても、子供をさらって来るなどという微妙な仕事を李逵にやらせるか、普通。しかもこの作戦の立案は呉用である。李逵が子供を殺してしまうことも計算のうちだったに違いない。

まったく酷い話で、目的のためには手段を選ばない。ある意味、これに近いものが人事の持つ冷酷さ、とも言えるかもしれない。

中国にはこんな話は案外よくある。毛沢東が国民党を支持する村を攻めた時、村の女子供まで皆殺しにした。すると、別の村を攻めた時、ほとんど交戦することなく全面降伏して来た。戦えば殺されるという恐怖から、とっとと降参してしまう、それからもあまたの戦いを避けて勝利を収めた。戦わずして勝つ、毛沢東にしてみれば、最初の村の五百人くらいの犠牲で、その後の戦闘で敵味方何万もの血が流れることを防いだということになる。孫子の兵法に習ったというが、いやいや、毛沢東の愛読書は「水滸伝」。目的のために手段を選ばぬやり方は、呉用に学んだ、のかもしれない。

五十二——李逵、殷天錫《いんてんしゃく》を打ち殺す

朱仝は梁山泊へ行く条件として、李逵の首を持って来いと言う。柴進が、しばらくは李逵を預かるから、ほとぼりが冷めるのを待とうと言う。

朱仝が梁山泊に行くと、宋江はすでに鄆城にいる朱仝の妻子を梁山泊に連れて来ていた。こうして朱仝と雷横が新たに梁山泊に加わった。

一方、柴進のもとに一通の手紙が来る。柴進の叔父で高唐州《こうとうしゅう》に住んでいる柴皇城《さいこうじょう》が、高唐州の知事、高廉《こうれん》の妻の弟、殷天錫に庭園を乗っ取られ、立腹のあまり病気になったという。柴進はすぐに李逵を供に高唐州へ見舞いにゆく。

高廉は高俅の従兄弟で、一族の者はやりたい放題やっている。柴皇城は病気ではなく、殷天錫が屋敷に乗り込んで来て殴られて寝込んでいるのだ。そして、柴皇城は殴られた怪我がもとで死ぬ。

柴皇城の葬儀の最中、殷天錫が手下を引き連れて来て、すぐに屋敷から出て行けと言う。怒った李逵は手下もろとも殷天錫を殺す。これはまずいと、柴進は李逵を梁山泊へ逃がす。しばらくして捕吏が来て、柴進は捕らわれる。妻の弟を殺された高廉は激怒し、柴進を牢に入れ拷問で痛めつける。

李逵は夜を徹して走り梁山泊へ辿り着く。李逵の顔を見て朱仝は激怒するが、宋江が李逵に朱仝に謝るよう言ったので、朱仝も矛を収め、二人は和解する。

しばらくして戴宗が戻って来る。李逵の様子を見に滄州へ行ったが、柴進と李逵が出掛けたあとだったので高唐州まで行っていたのだ。戴宗は柴進が捕らわれたことを報告する。

宋江は柴進を助けるため、高唐州を攻めるという。すぐに、林冲、花栄、秦明、李俊、呂方、郭盛、欧鵬、楊林、鄧飛、馬麟、白勝が五千の兵を率いて行き、そのあとを、宋江、呉用、朱仝、雷横、戴宗、李逵、張横、張順、楊雄、石秀が三千の兵を率いて続いた。

梁山泊が兵を出したとの情報はすぐに高唐州に伝わり、高廉は迎撃の準備をはじめる。

高廉は自らが三百の飛天神兵《ひてんしんぺい》を率い軍に加わった。

緒戦は一騎打ちで林冲、秦明が敵将を倒すが、高廉は妖術を使い梁山泊軍を撃破する。宋江らは、楊林と白勝の部隊のみを残し、後陣まで退却する。夜、高廉は自らが飛天神兵を率いて奇襲して来るが梁山泊軍はもぬけの空、罠だと感じた高廉は退却を命じるが、楊林、白勝が伏兵三百で矢を射かけたので、飛天神兵が次々に倒れ高廉も矢傷を受ける。逃げた高廉は高唐州の城に籠った。

だが梁山泊軍も妖術使いの高廉相手にうかつには攻められない。呉用は高廉の妖術に対抗するには、公孫勝の助けが必要だと言う。

五十三――李逵、羅真人《らしんじん》を斬る

すぐに戴宗が薊州へ走る。李逵が供で同行した。柴進が捕らわれたことへの責任を感じているのだ。二人の珍道中の話ははぶき、十日で薊州に着く。街の人の話から、公孫勝は二仙山《にせんざん》の羅真人のもとで修行していることがわかる。二人は二仙山へ行く。

戴宗は公孫勝に高唐州での苦戦の話をし、すぐに梁山泊へ戻って欲しいと言うが、公孫勝は老母を置いて行かれないのと、師匠の羅真人が世俗と関わることを許さないから「梁山泊へは行かれない」と言う。

戴宗はなんとか羅真人の許しを得ようと、公孫勝、李逵とともに羅真人の住む紫虚観《しきょかん》へ行く。だが、羅真人は世俗のことは預かり知らぬと言う。

夜、怒った李逵は羅真人の寝所に忍び込み、斧で首を刎ねる。すると血は一滴も出ず、白い液体が噴出した。李逵は羅真人が女色を断っていたので、血がすべて精液になってしまったのだと思う。だが、李逵が斬ったのは羅真人の首ではなく濁酒の瓶だった。

李逵は羅真人に懲らしめられるが、羅真人も天命であるからと、公孫勝が梁山泊へ行くことを許す。

五十四——公孫勝、術をもって高廉を破る

羅真人は新たに、公孫勝に高廉の妖術を破る五雷天罡《ごらいてんこう》の法を授け、「これで天下人民のため

に宋江を助けよ」と言う。

戴宗は一足先に高唐州へ走り、公孫勝と李逵は街道を急いだ。途中、武岡鎮《ぶこうちん》という街で、鍛冶屋の湯隆《とうりゅう》と知り合い仲間にする。

「ノート31」エキスパート

実は梁山泊にはエキスパートが多い。

武芸のエキスパートが林冲で、弓は花栄、あとで登場する石礫投げの張清《ちょうせい》ら、特定の武器のエキスパートもいる。

今回登場の鍛冶屋の湯隆は武器製造のエキスパートで、湯隆の家に代々伝わる鉤鎌鎗《こうれんそう》はこのあとの戦闘を左右する。

偽造文書の蕭譲と、計算の達人の蔣敬、泥棒のエキスパートの時遷もいる。やはりあとで登場する天才外科医の安道全《あんどうぜん》は梁山泊になくてはならぬ存在である。

一方で、官軍の将軍や将校、兵士だった者、賊徒だった者、漁師や農民、商人、武芸者など民間人も多くいる。むしろそちらのほうが圧倒的多数である。

エキスパートは重要ではあるが、組織が大きくなると、核となるのはエキスパートよりも普通の任務のこなせる人材である。組織を支えるのは、普通の人たちで、彼らが組織の一員としてしっかりと仕事をこなすことが重要なのである。

公孫勝が高唐州に到着した。高廉も矢傷が治り、梁山泊軍を倒すべく出撃して来る。公孫勝は高廉の妖術をことごとく破る。翌日、昼間は梁山泊軍が城壁に迫るが退却する。公孫勝が風を起こし、火攻めを試みた飛天神兵たちは火達磨になる。逃げた高廉はあわてて近隣の州に援軍を頼んだ。

数日後、宋江らは援軍を装い城に近づく。高廉が城門を開けたので、一気になだれ込んだ。高廉が雲に乗って逃げようとするのを、公孫勝が術で射落とした。雷横が高廉を一刀で斬り捨てた。柴進は井戸の中に捕らわれていた。李逵が井戸の底まで下りて行き、柴進を助け上げた。宋江は高廉一家を皆殺しにし、柴進も仲間に加えて梁山泊に凱旋した。

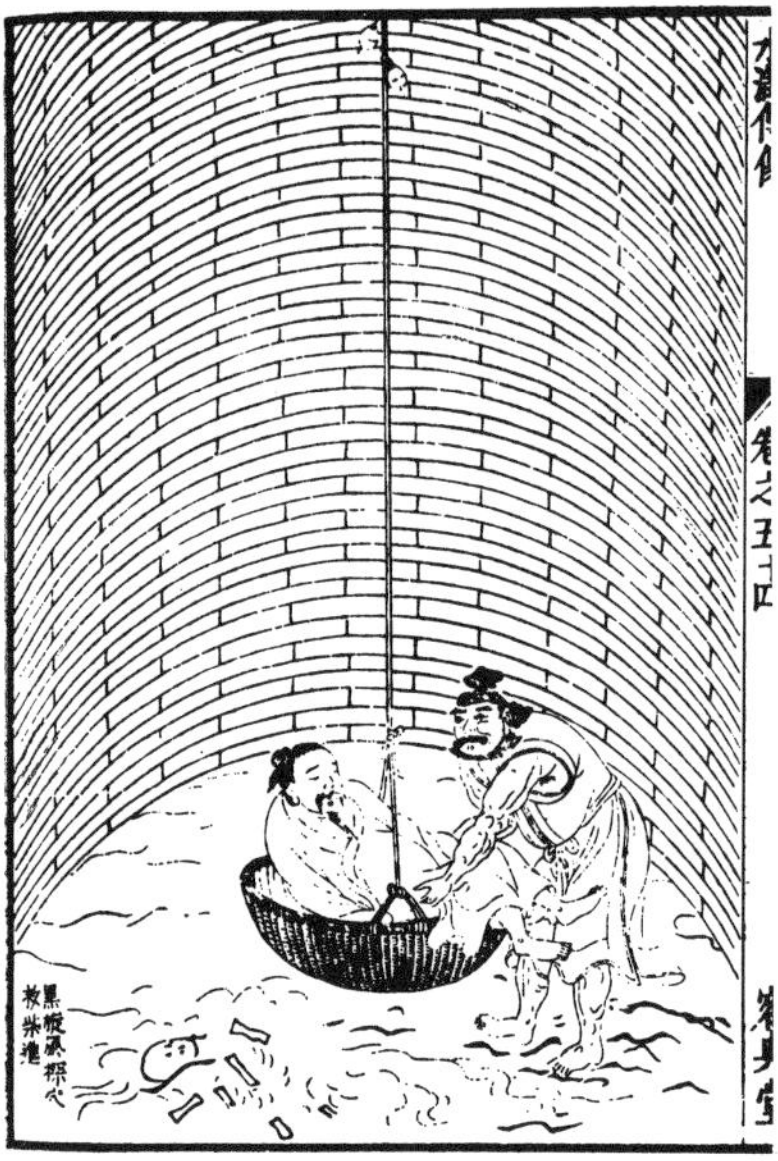

柴進、井戸から救われる

従兄弟が殺され怒った高俅はとうとう梁山泊討伐を皇帝に上申する。汝寧州《じょねいしゅう》の将軍、呼延《こえん》灼《しゃく》が討伐軍の将軍に選ばれ、皇帝は踢雪烏騅《てきせつうすい》という名馬を下賜した。

五十五――呼延灼、連環馬《れんかんば》で梁山泊軍を破る

呼延灼は、民兵指揮官の韓滔《かんとう》、彭玘《ほうき》の二人を副将に、騎兵三千、歩兵五千で梁山泊へ向かった。武器や馬は高俅が用意した。

梁山泊でも討伐軍が出撃したことを摑み、秦明を先陣に、林冲、花栄、扈三娘、孫立が軍を率いて出た。一騎打ち戦になり、秦明と韓滔は秦明が優勢、林冲と呼延灼は互角、花栄と彭玘は花栄が優勢、花栄が扈三娘に代わると、彭玘は女とあなどり攻め過ぎたところを縄で絡め取られた。呼延灼が助けに出るのを孫立が阻んだ。緒戦は梁山泊の勝利だ。

翌日、呼延灼は三千の騎兵を連環馬軍として攻めた。連環馬とは鎧を着た馬を鎖で繋いだもので、重戦車のように押し攻める部隊。梁山泊軍は、秦明を先頭に、林冲、花栄、扈三娘、孫立が左右、宋江、朱仝、雷横、穆弘、楊雄、石秀、欧鵬らが後陣に続いた。連環馬には矢は通じず、梁山泊軍は蹴散らされた。宋江は水際に追われ、李俊ら水軍が助けた。梁山泊軍は攻撃

に出た半数を失った。居酒屋も蹴散らされ、石勇、孫新、顧大嫂らも逃げ戻った。

高俅は勝利を喜び、御酒十瓶を陣に贈った。捕らわれた五百人の兵士は開封に送られた。開封からはさらに、砲兵の凌振《りょうしん》が援軍に来た。これで一気に梁山泊を撃破するつもりだ。凌振は大砲で攻撃し、梁山泊の小塞に命中、崩してゆく。

李俊、張横、張順、阮三兄弟が陽動し、凌振を水際におびき出し捕らえた。凌振は捕らえたが、連環馬の前にはなす術がない。その時、新参の湯隆が前に進み出た。

五十六――湯隆、徐寧《じょねい》を騙して梁山泊に呼ぶ

湯隆は連環馬を破る鉤鎌鎗を作ることが出来、それを使う術は開封の鎗術師範の徐寧が心得ているという。徐寧は湯隆の従兄弟で、林冲とも知り合いだ。すぐに徐寧を仲間に加えるべく、湯隆と時遷が開封へ旅立つ。

時遷が徐寧の家宝の鎧を盗んで逃げる。湯隆が訪ねて来る。徐寧が鎧を盗まれた話をすると、盗んだ奴を見掛けたので追おうと言い、街を出たところで楽和が騙して、徐寧にしびれ薬入りの酒を飲ませ、そのまま梁山泊へ。徐寧の家族も、戴宗が連れて来ていた。こうして徐寧も仲

間に加わった。

「ノート32」家族へのケア

犯罪を犯したり、冤罪に落とされて、仕方なく草落する者もいる一方、徐寧らのようにその特殊技能から梁山泊がスカウトする人物もいる。あるいは、官軍の兵で捕虜になり、その後、梁山泊に加わる者もいる。この時点では、彭玘と凌振がそれに当たる。

現代ならば、どのような条件を出すかが、ヘッドハンティング成功の鍵だ。それは金銭だけでなく、「やりがい」のようなものも大きい。

『水滸伝』では晁蓋が頭領になってからの革命軍としての「正義」に共感出来るかが重要になり、徐寧に対しては、林冲が晁蓋、宋江の志を説く。

一方で、現代のヘッドハンティングでは、当人がその気になっても家族の理解が得られないと難しい。梁山泊では、宋江入山以降は、宋江の父が家族の居住区の村長的存在で、何かと家族たちの面倒を見ている。官軍からの寝返り人材には、戴宗ら細かな対応の出来る者が必ず家族を迎えにゆくようになっている。物語には描かれないきめ細かな家族ケアが行われているのだ。

五十七——宋江、連環馬軍を破る

徐寧は梁山泊の兵士たちに鉤鎌鎗の奥儀を教えた。湯隆は雷横らの協力を得て、鉤鎌鎗を量産した。

劉唐・杜遷、穆弘・穆春、楊雄・陶宗旺、朱仝・鄧飛、解珍・解宝、鄒淵・鄒潤、扈三娘・王英、薛永・馬麟、燕順・鄭天寿、楊林・李雲の歩兵部隊が出撃した。援護に李俊ら水軍、後陣に、花栄、秦明、李応、柴進、孫立、欧鵬が控えた。宋江、呉用ら指揮隊がその後に続いた。

呼延灼は梁山泊軍が歩兵で来たので連環馬軍で一気に潰そうと出て来るが、そこには徐寧、湯隆らの鉤鎌鎗の伏兵がいて、連環馬軍は総崩れになる。呼延灼は退路を斬り開き逃げるが、歩兵の追撃を受け多くの部下を失う。呼延灼が逃げ切れたのは、名馬、踢雪烏騅のおかげである。

劉唐と杜遷は韓滔を捕らえた。呼延灼軍の兵士も五千人近くが捕らわれた。韓滔、彭玘、凌振や兵士たちも梁山泊に下り、家族たちも梁山泊に迎えられた。

呼延灼は青州まで逃げ、疲れたので宿屋に泊まる。その夜、踢雪烏騅が盗まれる。盗んだのは、桃花山の周通だった。

呼延灼は青州知事の慕容を訪ねる。慕容は呼延灼を客としてもてなす。本来、慕容という人物は呼延灼の失策を責め立てる人物だが、呼延灼をもてなしたのには理由がある。青州では、二龍山、桃花山、白虎山の三山に叛徒が巣くい官軍を苦しめていた。秦明がいなくなり、これらを討伐できる将軍がいなかったのだ。慕容は呼延灼が三山を討伐してくれたら、梁山泊討伐の失策を帳消しにしてもらうよう、皇帝にとりなしてもいいと言う。

呼延灼は青州軍二千を率いて桃花山を攻める。李忠は敵わぬと見て、二龍山の魯智深に援軍を頼む。魯智深は因縁のある李忠、周通からの援軍要請だから行きたいと言う。楊志は本来二千の官軍相手に動くものではないが、それでは義に反する。また、桃花山が陥落すれば次は二龍山に攻め来るから、援軍に行くべきだと言う。そこで、魯智深、楊志に、新たに加わった武松が援軍に行き、曹正と、武松を頼って二龍山に来た、施恩、張青、孫二娘が留守を守ることとなる。

魯智深、楊志も呼延灼とは互角。その時、慕容からすぐに青州城に戻れとの命令、なんと白虎山の孔明、孔亮が青州城を攻めているという。青州城に戻った呼延灼は孔明を捕らえる。敗兵をまとめて逃げる孔亮は武松と出会い地獄に仏。

孔明、孔亮は捕らわれた叔父の孔賓《こうひん》を助けるために青州を攻めていたが、呼延灼のために孔明が捕らわれたことを話す。魯智深は三山で協力して呼延灼と戦おうと言う。楊志は、呼延灼は手強く青州城は堅固だから、三山で攻めても勝ち目は少ないと言う。

五十八——三山、集いて青州を討つ

武松は青州軍と戦うには梁山泊の宋江に援軍を頼むのがよいと言う。魯智深は噂には聞いているが宋江に会ったことがないので是非会いたいと言う。早速、宋江とは旧知の孔亮が旅商人に化けて梁山泊へ向かった。

魯智深は二龍山から曹正と施恩を呼び、桃花山の李忠と周通が全軍を率いてやって来た。孔亮は無事梁山泊に着き、李立の居酒屋を経由し、宋江に会い、青州でのことを語った。宋江はすぐに孔亮を晁蓋、呉用に会わせ、援軍を約束する。宋江は、青州の地理に明るい、花栄、秦明、燕順、王英を先鋒に二十人の隊長と三千の兵で青州へ向かった。

呼延灼は、前に敗れたのは梁山泊が湖の要塞で攻めきれなかったからで、青州においては梁山泊軍は地理不案内だから勝てると、慕蓉に言う。

梁山泊軍はまず秦明が攻めて来た。慕容は「裏切り者」と激怒、呼延灼が一騎打ちに出るが勝負がつかずに軍を引く。

夜、青州城の近くの丘に、宋江、呉用、花栄が三騎だけで来て様子を見ているとの報告が入る。呼延灼は宋江の油断と見て、捕らえようと騎兵百騎を率いて丘に急ぐ。呼延灼が宋江らに迫る。その時、呼延灼は馬ごと落とし穴に落ちた。従っていた騎兵は花栄の弓と伏兵に倒され、残りは逃げて行った。

宋江は呼延灼の縄を解き、場合によっては梁山泊頭領の席を呼延灼に譲ってもいいと言い、今は高俅や慕容の私兵として使われているようなもの、真なる国家への忠誠は何かを説く。また、韓滔、彭玘、凌振がすでに梁山泊に下っていることもあり、呼延灼も観念し、梁山泊に加わる。

呼延灼は青州城に戻る。つき従う兵は、秦明、花栄、孫立、呂方、郭盛、解珍、解宝、欧鵬、王英が化けていた。呼延灼らが城内に入ると、秦明はいきなり慕容の首を刎ねた。残りの者たちは城内で暴れ、青州城は陥落した。孔明と孔賓は助け出された。

魯智深、楊志、武松ら二龍山、李忠、周通の桃花山、孔明、孔亮の白虎山も梁山泊に合流することとなった。魯智深、楊志は林冲との再会を喜び、晁蓋と楊志は生辰綱強奪のことを思い出して、おおいに笑った。

魯智深は少華山の史進を仲間にしたいと言い、武松とともに華州へ旅立つ。

「ノート33」合併

二龍山、桃花山、白虎山の青州三山が梁山泊に合流する、いわゆる合併が行われる。

二龍山の魯智深らが梁山泊の規模を見て感嘆する場面もある通り、この時点で一万以上の兵力を備えた梁山泊はただの叛徒の域を超えている。

だが、その梁山泊でも新たに千人以上の青州三山を受け入れるわけだから、それなりの余裕は必要だ。

そして、新たに加わった人材にも、それなりの役職を与えなければならない。いや、今までにない新たな人材を活用することが、合併の大きな意味でもあるのだ。

魯智深と武松は少華山に着くが、史進は留守。朱武の話では、北京大名府から西嶽華山《せいがくかざん》の壁画を描きに来た画家の王義《おうぎ》という者がいて、その娘の王嬌枝《おうきょうし》を華州の賀太守《がたいしゅ》が妾にくれと言い出した。王義が断わると、賀太守は王嬌枝を奪い、王義を無実の罪で捕らえた。それを知った史進は王義を助け、賀太守を殺しに行ったが、逆に捕らわれてしまった。

それを聞いた魯智深は武松の止めるのを聞かず、史進を助けに華州の役所に乗り込んだ。案の定、三十人の兵士に飛びかかられ、魯智深は捕らわれる。

五十九――宋江、西嶽華山を騒がす

魯智深が捕らわれたと聞いて、武松は驚いた。そこへ戴宗が現われる。宋江が様子を見に行かせたのだ。戴宗は急ぎ梁山泊へ走り、晁蓋に報告した。

すぐに、花栄、秦明、林冲、呼延灼、楊志を先鋒に、宋江、呉用、朱仝、徐寧、解珍、解宝、さらには、李応、李俊、張順らが後方で兵站を担い、総勢二千で華州へ向かった。

華州に着いた梁山泊軍を、武松、朱武、陳達、楊春が少華山に迎えた。夕方、宋江、呉用、花栄、秦明、朱仝が偵察に行く。華州の城は堅固で攻めて落ちるものではない。

だが、朝廷の使者が西嶽華山に来ると聞いた呉用は作戦を思いつき、李俊と張順を呼び、道案内に楊春をつけて動きはじめた。

宋江らは清河を来る朝廷の使者、宿元景《しゅくげんけい》の船を止めた。二千の兵に囲まれ、百あまりの兵の宿元景はなす術なく、少華山に連れて来られる。宋江は宿元景をおおいにもてなす。

宋江らは朝廷の船に乗り込み、西嶽華山へ向かった。一方、賀太守は武装兵三百とともに西嶽華山に現われた。使者の供に化けた呉用は兵士の武装を解くよう賀太守に命じた。そして、賀太守を一人で使者の間《ま》に入れたところで、解珍、解宝が飛びかかり、賀太守の首を刎ねた。

武装を解かれた兵たちは花栄と武松が皆殺しにした。宋江らはそのまま華州の城へなだれ込み、魯智深と史進を助け出した。

宋江は宿元景を解放、宿元景は華州へ行き、西嶽華山をまわり、開封へ戻った。

史進らは宋江と相談し、梁山泊に合流することとなった。

宋江らが梁山泊へ戻ると、大宴会となった。

しばらくして、朱貴が報告に来る。徐州《じょしゅう》の芒碭山《ぼうとうざん》に、樊瑞《はんずい》、項充《こうじゅう》、李袞《りこん》という者たちが三千の兵を集めていて、梁山泊を攻め取ろうと考えているという。宋江は逆に芒碭山を攻め取ってやろうと言うと、史進が先鋒を申し出る。宋江はおおいに喜ぶ。史進は、朱武、陳達、楊春に元の少華山の部下たちと芒碭山に向かう。

だが、史進らは、項充、李袞の迎撃に遭い、楊春が負傷、兵の半数を失う。そこへ花栄と徐寧が二千の兵で援軍に駆けつける。つづいて、宋江自ら三千を率い、呉用、公孫勝、呼延灼、朱仝、穆弘らと現われる。公孫勝は宋江に、芒碭山には妖術使いがいるから注意せよと言う。

六十――晁蓋、曾頭市《そうとうし》で毒矢に倒れる

公孫勝は諸葛孔明の陣形を用いて、敵を包囲し絡め取る作戦を提案する。

樊瑞は妖術使いで、妖術で諸葛孔明の陣形を破り、三千の部下たちと一気に山を下りて来て、宋江らを蹴散らすつもりだ。だが、公孫勝の妖術が樊瑞を封じた。項充、李袞は陣形で梁山泊軍に囲まれて捕らわれた。樊瑞は一人、芒碭山に逃げた。項充、李袞は芒碭山に行き樊瑞を説得、樊瑞は降伏し、三人は梁山泊に加わることとなる。

宋江らが梁山泊に戻ると、段景《だんけい》住《じゅう》という男が現われる。段景住は馬泥棒で、金《きん》国の皇帝の馬、照《しょう》夜玉獅子《やぎょくしし》を盗み、手土産にして梁山泊に入山したいと思った。ところが、照夜玉獅子を凌州《りょうしゅう》の曾頭市という村の奴らに奪われたという。

すぐに戴宗を走らせ曾頭市を調べるに、村長は金国の者、五人の息子がいて、七千の兵で武装、五

公孫勝、妖魔を倒す

十輌の囚人護送車を作って、梁山泊の晁蓋、宋江らを捕らえよと言っている。

晁蓋は怒り、今度は自らが指揮を取り、曾頭市を潰すと言い、林冲、呼延灼、徐寧、穆弘、劉唐、張横、阮小二、阮小五、阮小七、楊雄、石秀、孫立、黄信、杜遷、宋万、欧鵬、燕順、楊林、鄧飛、白勝に兵五千を率いて曾頭市討伐に向かった。

すぐに四男曾魁《そうかい》の迎撃を受け、翌日は曾頭市入口で乱戦、地理不案内から梁山泊軍は打撃を受け、多くの兵を失う。次の日からは、曾頭市は村の門を閉めて出て来なかった。

翌日、二人の僧が訪ねて来る。僧は近くの法華寺《ほっけじ》の者で、曾頭市の無法に悩まされているので協力を申し出たいと言う。晁蓋は喜び、劉唐、阮小二、阮小五、阮小七、白勝ら昔の仲間と二千五百を率いて、僧の案内で法華寺に行く。そこから曾頭市の出城に行くが、いつの間にか僧がいない。そこへ矢の嵐が降り注ぐ。曾頭市の武芸師範、史文恭《しぶんきょう》が伏兵で攻撃して来た。

劉唐が切り開き、晁蓋を連れ逃げるが、晁蓋は矢傷を負い、しかも矢は毒矢だった。

阮三兄弟が晁蓋を梁山泊に連れ帰った。林冲らは追撃を受けて、七百の兵を失い、退却する。

晁蓋は史文恭を討ち取った者を次の梁山泊の頭領にと遺言し、亡くなる。

宋江は晁蓋の祭壇の前で、ただ号泣した。

呉用は、公孫勝、林冲、呼延灼と相談し、宋江を仮の頭領とした。

宋江はすぐに曾頭市を攻めて晁蓋の仇討ちをと言うが、呉用は喪が明けるのを待つべきだと言う。

　ある日、晁蓋の法要に、北京大名府の竜華寺《りゅうげじ》の大円《だいえん》という僧を呼ぶに、大円は大名府に住む盧俊義《ろしゅんぎ》の話をする。盧俊義は河北で有名な傑物、宋江は盧俊義を梁山泊に迎えて新たな頭領にしてはどうかと言う。

第四章　晁蓋の死から新頭領誕生へ

――リーダーの仕事論

叛徒として敵対する勢力を倒し、攻めて来る官軍を退けた梁山泊。梁山泊を率いるリーダー宋江から、現代のリーダーとは何かを考えてみよう。

六十一――呉用、玉麒麟《ぎょくきりん》を欺く

呉用は李逵を供に、北京大名府へ行く。北京大名府は宋国第二の都市で、河北一の大きさであり、軍事力も備えていた。

呉用は易者に化けて、盧俊義に会う。呉用は易を立てるふりをし、盧俊義に剣難の相があり百日以内に財産と命を失うと言う。盧俊義が災いを避ける方法はないのかと聞くに、東南に千里旅すれば災いは避けられると言う。それだけ言うと、呉用は急いで盧俊義の屋敷を辞し、梁山泊へ戻る。

さて、盧俊義の家は四、五十人の奉公人がいるが、大番頭の李固《りこ》はなかなかやり手。元は開封の生まれだが、親戚を頼って北京大名府に来たが会えず、盧俊義の屋敷の前で行き倒れになっていたのを助けられた。算盤の腕で大番頭にのし上がったが、盧俊義には助けられた恩義があった。

もう一人、盧俊義が可愛がっている若者に燕青《えんせい》がいて、地元出身で小さい時に親と死別し盧俊義に育てられた。美男子で、音曲を嗜むほか、格闘技や半弓も得意。燕青は盧俊義の忠実な下僕であった。

盧俊義は易者の言うことを信じて旅に出ようと言うが、李固も燕青も、妻の賈氏《かし》も家にいるのが一番安全だと反対する。

だが、盧俊義の決意は固く、結局、李固を供に、ついでに泰山見物と向こうで商売もしようと、十輛の荷車とともに出掛けた。

盧俊義一行は旅を重ねて梁山泊の麓へ来た。盧俊義は梁山泊が襲撃してきたら迎え撃って宋江を捕らえようと思っていた。

しばらく行くと、李逵が兵を率いて現われた。あの時の易者の供だ。この時、盧俊義は騙されたと思った。盧俊義は迎撃しようとすると、李逵は森の中へ逃げ込んだ。盧俊義は追う。魯智深や武松も現われ、盧俊義をどんどん森の奥へ誘う。しばらくして小高い丘に出た。そこから見ると、なんと人足たちは捕らわれ、荷車が奪われていた。そこへ、宋江、呉用、花栄が二百の兵と現われ、花栄は盧俊義に弓で射かける。今度は追われる盧俊義、梁山泊からは、秦明、林冲、呼延灼、徐寧が兵を率いて現われる。とうとう盧俊義は湖に追い詰められる。盧俊義は漁師の舟に乗せてもらい逃げるが、李俊と阮三兄弟の舟に囲まれ、張順に湖に落とされる。なんと、盧俊義は泳ぎが出来なかった。

六十二――石秀、刑場で暴れる

盧俊義は張順に捕らわれる。

宋江は盧俊義を上座に据えて挨拶し、呉用は非礼を詫び、河北の傑物と会えたことを喜び、何はともあれ、宴会となる。宋江と呉用は盧俊義に梁山泊入山をすすめるが、盧俊義は断わる。それならそれで仕方がない。とにかく一杯呑みましょう、とふたたび宴会がはじまり、そんな宴会が二月《ふた》も続いた。

盧俊義は足を急いで十日で北京大名府に着くが、城に入ろうとしたところで、ボロボロの身なりの燕青と会った。

なんと盧俊義が旅立って半月後に李固が帰って来て、盧俊義は梁山泊の仲間入りをしたと言い店を乗っ取ってしまった。妻の賈氏も李固の妻となり、燕青は家を追い出され、とにかくこのことを盧俊義に知らせようと城外で乞食になって待っていたのだと言う。

盧俊義は李固や賈氏がそんなことをするはずはないと、燕青を怒鳴りつけ、城内に入り、屋敷へ戻る。李固は盧俊義が帰って来たので驚いたが、盧俊義を奥へ通し食事の用意をさせると、すぐに役所へ走った。捕吏が二百人、盧俊義の屋敷を囲み、盧俊義は捕らわれた。

盧俊義は。北京大名府の行政官、梁中書に無実を訴えたが、聞き入れてもらえなかった。役人たちは盧俊義を拷問に掛けた。李固が役人に賄賂を贈っていたのだ。

牢役人の蔡福《さいふく》、蔡慶《さいけい》兄弟は盧俊義と旧知で、燕青を牢に入れ、盧俊義への食べ物の差し入れを見逃す。すると、蔡福、蔡慶を高貴な雰囲気の男が訪ねて来て、牢内で盧俊義の命を守って欲しいと言う。高貴な男は柴進だった。蔡福、蔡慶は柴進から渡された銭を牢内にばらまき、うっかり刺客が手を出せないようにした。

李固は盧俊義が牢内で死んだという知らせがなかなか来ないので苛々し、梁中書に泣きつく。だが、盧俊義が梁山泊と通じたという確かな証拠もないので死罪には出来ない。そこで沙門島《しゃもんとう》へ流罪となった。梁中書は李固に道中で殺してしまえばよいと示唆する。護送役人は董超、薛覇。かつて林冲を殺しそこねて、高俅の怒りを買い、北京大名府に飛ばされていたのだ。李固は酒食で董超、薛覇をもてなし、金を与えて盧俊義殺しを頼む。

こうして、盧俊義は董超、薛覇とともに旅立った。例のごとく街道を離れた森の中で盧俊義を縛り、いま、棍棒で脳天を一撃、というところで矢が飛んで来て二人は射殺された。矢を射たのは、燕青。盧俊義を追って来ていたのだ。

［ノート34］部下の裏切り

信頼していた部下に裏切られることは、ない話ではない。

有能な部下もいれば、そうでない部下もいる。適材適所を見極めてうまく使って円滑に業務を運ぶのが上司の仕事だ。

部下との人間関係を構築するには、仕事のあと一杯呑みに行ったり、ランチを奢ったり、そこまでしなくても「期待してるよ」とか「頑張れよ」と声を掛けることは大事だ。期待してなくても、「期待してるよ」と言われれば相手は悪い気はしない。自分を認めてくれている上司のためには一生懸命やろうと思うのは人情だ。

だがね、会社の部下、上司なんていうのは選べるものではない。たまたま上司、部下の関係になっただけ。どんな奴だかわからない。世の中には、平気で人を裏切る奴もいるし、何かのことで不信感を抱き、関係がうまくゆかないこともあるだろう。

やはりコミュニケーションは大事だ。相手を知ること。それだけじゃ駄目で、相手に自分を知ってもらうことも大事なんだ。まずはさりげない世間話からはじめてみることだ。普段から親しくしている人はそんなに簡単には裏切れないものだ。


燕青は盧俊義にこの上は梁山泊を頼るしかないと言い、歩くことが出来ない盧俊義を背負って山東へ向かう。だが、すぐに董超、薛覇の死体が見つかり、捕吏たちが盧俊義を追い、宿屋で休んでいた盧俊義は捕らわれた。燕青は逃げ、梁山泊に助けを求めるべく急ぐ。途中、北京大名府を探りに来た楊雄、石秀と会う。楊雄は燕青を連れ梁山泊へ。石秀は連行された盧俊義を追って、北京大名府へ行く。

石秀が北京大名府に着くと、刑場が騒がしい。石秀は酒楼の二階に上がって様子を見るに、盧俊義が今、処刑されるところだった。石秀は酒楼から飛び降りて刑場に斬り込んだ。

六十三――宋江、北京大名府を攻める

石秀は盧俊義を助け出し、斬って斬って斬りまくって逃げるも、兵に包囲された。二人は捕まったが、石秀は「必ず兄貴（宋江）が攻めて来て、貴様らを皆殺しにする」と怒鳴ったので、梁中書は肝を潰した。とりあえず、蔡福に命じて、盧俊義と石秀を死刑囚の牢へ入れた。蔡福は役人にわからぬよう盧俊義と石秀の牢に毎日、酒と料理を届けもてなした。梁中書が役人に調べさせるに、この日、石秀に殺された者は七十人を超えていた。また、梁山泊が撒いたチラシを拾ったという者が数人届け出た。チラシには、「梁山泊義士宋江、天下に布告す」とあり、汚吏のために良民が苦しんでいる。だから、天下の豪傑、盧俊義を梁山泊に登らせようとしたが、それを処刑しようとしたことは許せない。だが、すぐに盧俊義を放てば乱暴なことはしない。もしふたたび盧俊義を処刑しようとすれば、志を同じくする兵がたちどころに北京大名府を焼土とする、とある。これは楊雄と燕青の知らせを受けた呉用がすぐに戴宗を北京大名府に走らせて撒かせたものだ。

呉用の敏速な情報戦と、それを可能に出来る戴宗の力は梁山泊の強みだ。

梁中書は武官の聞達《ぶんたつ》と李成《りせい》を呼び協議した。そして、城外の飛虎峪《ひこよく》に索超、槐樹坡《かいじゅは》には李成

に陣を構えさせて北京大名府の守備を固めた。

季節は秋、梁山泊軍は北京大名府へ兵を出した。先鋒は李逵率いる歩兵五百、第二陣は解珍、解宝、孔明、孔亮の歩兵千、第三陣は扈三娘、顧大嫂、孫二娘の女将軍率いる千、第四陣は、李応、史進、孫新が千、中軍は、宋江、呉用、守備に呂方、郭盛、孫立、黄信、そして、秦明、林冲、呼延灼、花栄らが後陣に就いた。

索超は李成と連携し、騎兵の精鋭部隊で李逵の歩兵を崩した。しかし、すぐ後に解珍、解宝らの千が控えているのを見て追撃をとどめる。だが、次の布陣が女将軍と見ると、李成が舐めて追撃して来たのを、解珍、解宝らが阻む。やがて、宋江軍が到着。あとから秦明らがなだれ込んで来た。秦明、索超の一騎打ちは互角だったが、韓滔が弓で援護し、索超は退き、宋江軍は槐樹坡の陣を奪った。飛虎峪に進んだ聞達も、花栄、秦明、林冲、呼延灼らに一斉に攻められ撤収、宋江らは北京大名府の城門に迫る。

梁中書は将軍の王定《おうてい》を開封に走らせ、蔡京に援軍を求めた。蔡京はすぐに元帥の童貫《どうかん》に相談した。すると一人の親衛隊員が進み出た。宣賛《せんさん》というこの男はそれなりに出世を望んでいて将軍の娘婿になったが、宣賛の顔が醜かったため、それを嘆いて嫁が自害し、以来、冷や飯を食わされていたのだ。宣賛は関勝《かんしょう》という人物を推薦する。

関勝は「三国志」の英雄、関羽の末裔、今は蒲東《ほとう》で端役人になっている。だが、兵書に通じ、武にも長けた将軍格の人物だという。

蔡京は喜び、すぐに関勝を将軍に抜擢した。

［ノート35］人材の抜擢

すべての人材が適材適所に配置されているわけではない。

小さい企業ならトップがあらゆるところに目配りが出来る。だが、組織が大きくなれば、そうはゆかなくなる。人材に関する情報をいかにトップが把握し、人材を登用してゆくかがキーになる。

新しい事業を展開する時に、どういう人材を抜擢するか。能力を数値化するだけでは難しい。人柄も重要で、そうした情報をトップに上げられる人事の人材が、あらゆる事業の成功を決める。企業成長には、人を掌握できる人事の力が重要である。

六十四――呼延灼、月夜に関勝を騙す

関勝は、宣賛と弟分の郝思文《かくしぶん》を副将に、一万五千の兵を率い、北京大名府ではなく梁山泊へ

向かった。宋江らが出撃して手薄な梁山泊を攻め潰してしまおうというのだ。

この知らせはすぐに北京大名府を包囲している宋江のもとに届いた。呉用はまず歩兵先行でゆっくり撤退、追撃を防ぐため飛虎峪には伏兵を残すようにし撤退の準備をはじめた。宋江軍が撤退をはじめたので、聞達、李成は追撃に出るが、呉用の作戦通り飛虎峪で花栄と林冲の伏兵が叩いた。

宋江らが梁山泊近くに来ると、宣賛軍が阻んだ。

梁山泊では水軍の張横が手柄をあせり、三百を率いて関勝の陣に奇襲をかけた。しかし関勝軍の伏兵に捕らわれる。張順と阮三兄弟は張横を助けようと百名を率いて関勝軍の本陣へ突入するが、もぬけの空。またしても罠で、張順はすぐに水に飛び込み逃げたが、阮小七は捕らわれる。阮小二と小五はなんとか切り抜ける。張順はことの次第を宋江の陣に知らせる。

宣賛軍の攻撃は花栄が阻み、いよいよ関勝が出撃して来る。林冲と秦明がそれぞれ関勝と戦うが、宋江は途中で退かせる。宋江は関勝を捕らえるよりも、なんとか自身で梁山泊に寝返らせたいと考えていた。

陣へ戻った関勝は、秦明、林冲ほどの者が何故賊徒の一味なのか悩む。そして、張横と阮小七を尋問するが、「山東の宋江が義人なのを知らぬのか」と言う。

その夜、一人の男が関勝の陣を訪ねて来た。呼延灼だった。呼延灼は宋江の真意は国家への帰順だが、林冲や秦明がそれを阻んでいると言う。明日の夜、宋江軍の本陣へ導くので、林冲と秦明を捕らえてしまえば、宋江はすぐに帰順すると教えた。

翌朝、宋江軍が動く。関勝軍から呼延灼が出て来たので、この裏切りに宋江軍は驚く。すぐに呼延灼は黄信を生け捕りにして軍を退いた。関勝は呼延灼を信じた。

夜、関勝は騎兵の精鋭五百を率い、呼延灼の道案内で宋江の本陣を急襲した。だが、本陣はもぬけの空で、いつの間にか呼延灼の姿も見えない。たばかられた、と思った時は遅かった。四方から熊手が出て、関勝は捕らわれる。

一方、林冲は関勝軍を攻める。郝思文は防戦しつつ退こうとしたところを、扈三娘率いる歩兵に囲まれ捕らわれる。秦明、孫立は宣賛軍を攻め、二対一で追い詰めて宣賛を捕らえる。李応は関勝の陣から、張横と阮小七を助け出した。

宋江と呼延灼は関勝の縄を解き、関勝に騙した非礼を詫びた。関勝、宣賛、郝思文は梁山泊に加わることとなり、捕らわれた七千の兵も梁山泊に加わった。

宋江軍はすぐに踵を返して北京大名府へ向かった。先鋒はなんと、関勝、宣賛、郝思文。

これに激怒したのは索超。ふたたび飛虎峪に陣を構えた。

関勝と索超の一騎打ちは関勝が有利、李成が援軍に出て、宣賛、郝思文も援軍に出た。乱戦のうち索超、李成は軍を退き、宋江軍は城壁に迫った。

索超は櫓《やぐら》から宋江軍を眺めるに、陣形が定まらず、宋江本隊の守備が三百ほどの兵に守られているだけでがら空きだった。索超は手勢のみを連れて、一気に宋江の本陣を突いた。

六十五——張順、揚子江で暴れる

呉用の計略で、索超は落とし穴に落ち捕らわれた。索超も梁山泊に寝返った。かつて北京大名府で武を競った楊志の説得が大きかった。

しかし、その後は梁中書は城に籠ってしまい、梁山泊軍はなかなか攻められない。

小康状態が続くある夜、宋江の夢に晁蓋が現われ、すぐに軍を退けるよう言う。そして、この危難を救えるのは、江南にいる仲間だと伝え消えてしまう。

宋江はすぐに呉用を呼ぶ。呉用は晁蓋が夢で指示したのなら従わねばならないと言うが、宋江は一日も早く盧俊義を助け出さねばならないので軍は退けないと言う。意見は分かれたが、宋江は頭の痛みで倒れた。背中には大きな腫れ物が出来ていた。宋江は動けなくなった。呉用が医書を調べて薬を処方するが効き目はなかった。すると、張順が江南の建康府に安道全《あんどうぜん》という名医がいると告げる。晁蓋の夢の通り、いま、宋江の命を救えるのは江南のまだ知らぬ仲間の安道全しかいない。

すぐに張順は安道全を連れに江南へ走った。呉用が指揮を取り、一時包囲軍は撤退した。聞達と李成は前にも伏兵に痛めつけられていたので、今回は追撃はしなかった。

張順は十日で揚子江に着いた。季節は真冬で、南の地でも吹雪だった。舟を探すが、渡し舟はお約束の強盗船頭の舟で、張順は揚子江の真ん中に放り込まれ、安道全に渡す支度の金を奪われる。だが、張順は三日三晩水の中で過ごせる特技の持ち主。すぐに岸に泳ぎ着く。居酒屋があったので、そこの老人に助けを求める。

老人と話をするに、宋江の名は江南にも聞こえている。張順が梁山泊の好漢だと名乗ると、老人の息子の王定六《おうていろく》が挨拶に来て、是非梁山泊に加えて欲しいと言う。翌日は雪も止み、張順

晁蓋、宋江の夢に現わる

は王定六から着物と当面必要な銭を借り、建康府へと向かった。

張順は安道全に会い、宋江の病のことを告げるが、安道全は建康府を離れられないと重い腰を上げない。これにはわけがあり、安道全には李巧奴《りこうど》という愛人がいたのだ。これと別れたくないので行きたくないと言っているのだ。安道全は張順を連れて李巧奴のもとへ行き酒を呑む。李巧奴は安道全を金蔓と思っていて、「山東なんて遠くに行っては嫌」と甘い言葉で言うから張順は腹が立って来る。

そのうち安道全は酔って寝てしまい、張順も小部屋で休むが、夜中に李巧奴を訪ねて来た男がいた。なんと揚子江の強盗船頭の張旺《ちょうおう》だった。張順は夜中を待ち、李巧奴と家の使用人を皆殺しにしたが、張旺は逃がした。張順は武松の鴛鴦楼を真似て、壁に「殺したのは安道全」と書き、安道全を起こした。安道全は驚いた。もはや退路はなく、殺人犯として追われる身。梁山泊に逃げるしか道はなくなっていた。

張順は安道全と、王定六の家まで来た。おりしも揚子江の渡し舟が張旺の舟だった。張順は揚子江の真ん中で張旺をぶち殺し、王定六に梁山泊に来るよう言い、安道全を連れて道を急いだ。すぐに戴宗と会い、安道全は戴宗と一緒に神行歩で山東へ行き、宋江の病を治療した。

しばらくして、王定六とその家族が来たので、張順は彼らと一緒に梁山泊へ向かった。

病が癒えた宋江はすぐにでも北京大名府を攻めると言うが、傷口がふさがるまで無理はしてはいけないと安道全が止める。一方、呉用は春早々に北京大名府を陥落させる策があると言う。

六十六――呉用、智をもって大名府を落とす

呉用の調べでは、開封の蔡京は自分の失態になるからと関勝が梁山泊に投降したことを隠しているという。

呉用は元宵節の夜に灯籠見物の客にまぎれて城内に入り、一気に北京大名府を落としてしまおうと考える。

解珍、解宝は獲物を売りに来た猟師、杜遷、宋万は米商人、孔明、孔亮は乞食、李応、史進は金持ちの旅人、魯智深、武松は僧侶と行者、鄒淵、鄒潤は灯籠売り、劉唐、楊雄は下級官吏、公孫勝は道士で、凌振はその従者だが小型の大砲を隠し持つ、王英、扈三娘、張青、孫二娘、孫新、顧大嫂は夫婦の遊山客に化けて城内に入った。張順と燕青は水門の近くに隠れた。そして、時遷は一人、北京大名府の中心にある翠雲楼に隠れた。

梁中書は梁山泊を恐れ、元宵節の祭りを中止にしようと言う。聞達と李成はもしも祭りを止めたら、全国の賊徒の笑いものになると諫める。

一方、呉用は、呼延灼、林冲、秦明、関勝の騎兵、穆弘、李逵、雷横、樊瑞の歩兵を率いて梁山泊を出た。

十五日深夜、時遷が翠雲楼に火を放ったのが合図だ。まず、李応と史進が街の中で暴れだした。すぐに杜遷、宋万が駆けつけ四人で大暴れ。南の門では魯智深と武松が暴れ、門を開けた。解珍、解宝は叉を手に役所に斬り込んだ。精鋭百名を連れ警備に当たっていた王太守は劉唐と楊雄に撲殺された。兵たちは散り散りに逃げた。鄒淵、鄒潤、王英、扈三娘、孫新、顧大嫂は廓で暴れ、張青、孫二娘は街に火をつけてまわった。

西門に逃れた梁中書は李成と合流、だが城門には呼延灼の騎兵部隊が迫っていた。北門には林冲軍が迫り、歩兵を率いる李逵は濠を進んで城内に入ろうとしている。

李成は梁中書を守りながら城外へ逃げたが、関勝軍、秦明軍に追われた。

杜遷、宋万は梁中書の屋敷に斬り込んで使用人たちを皆殺しにした。牢に行った柴進は、蔡福、蔡慶に「覚悟を決めろ」と言う。もとより梁山泊に入りたい蔡福、蔡慶は盧俊義と石秀を牢から出す。盧俊義は石秀、孔明、孔亮、鄒淵、鄒潤とともに自分の屋敷へ行く。李固と賈氏は一足早く逃げたが、張順と燕青が捕らえた。

呉用は住民を殺さぬよう布告をするが、すでに多くの者が殺されたあとだった。

梁中書は李成、聞達に守られながら、樊瑞、穆弘、雷横らの追撃をふり切り逃げる。

六十七――関勝、水火二将を降《くだ》す

呉用は北京大名府の蔵を開け、金銀は荷車に積み、兵糧は住民に分け与え、李固と賈氏を囚人車に入れて梁山泊に引き上げた。戴宗は勝利を宋江に報告した。

やがて一同は梁山泊に着き、新たな仲間、蔡福、蔡慶が加わったことを喜ぶ。

宋江は盧俊義に「梁山泊の頭領になって欲しい」と言うが、盧俊義は辞退する。武松や李逵は宋江が頭領になるべきと言う。呉用は頭領の件はあとでまた話し合おうと、とりあえずその場は宴会となる。

「ノート36」宴会と人事

「水滸伝」には宴会がよく出て来る。

仲間が増えたり、戦いに勝ったり。いつも宴会になる。

現代では宴会による社員のコミュニケーションを否定する意見もよく聞く。会社を離れたら、職場の人間とは付き合いたくない、という若い人も多い。仕事とプライベートは別。酒の席で上司の小言を聞かされてはたまらん。上司だって、暖簾に腕押しの部下と呑むのは嫌だ、と思っている人も多い。

会社の仲間とはメールなどで綿密に連絡を取り効率的に用件だけで済ませるほうがよい、果たしてそうだろうか。

無駄話から生まれるアイディアや人間関係は決して否定は出来ない。

何より、宴会が一つの「けじめ」になる。何かの目標点として、終わったあとのビールの一杯はあってもいい。酒が飲めなきゃ、お茶でもいいいんだ。

気の合った同士でわいわい呑むのは楽しい。でも知らない者同士を結びつけるのも酒。酒にもいろんな効能がある。害もあるけれど、何千年も酒を飲み続けている人類の歴史がある。酒で戦争を避けたことだってあるんだ。酒で新しい友達が出来るかもしれない。

会社においては、仕事以外は「無駄」と考えるか。いろんなコミュニケーションが新しいモノを生み出すのか。考え方次第である。

盧俊義は李固と賈氏を自らの手で殺した。

一方、北京大名府では梁山泊軍が引き上げたので、梁中書は戻ったが、家族の者はあらかた殺されていた。妻は庭園に隠れていて助かった。兵士は三万人が死んでいた。妻は梁中書にすぐに梁山泊を討伐するよう言うので、梁中書は開封に上申書を送った。

皇帝はすぐに梁山泊を討伐せよと言い、蔡京に誰を討伐軍にしたらよいかと聞く。蔡京は梁山泊はたかだか野盗の類であることを強調し、大軍を動かす必要はないと言う。自分の責任を過小にするための方便だ。

そこで、凌州の単廷珪《たんていけい》と魏定国《ぎていこく》が抜擢された。二人は武には秀でているが、ただの民兵指揮官である。

呉用は密偵を北京大名府と開封に放っていたので、この情報はすぐに伝わった。関勝はもともと凌州の者で、単廷珪、魏定国と面識もあるので二人を説得して仲間にしようと言う。宋江は関勝に五千の兵を与え、宣賛、郝思文を副将に出陣させた。呉用はもしものことを考え、林冲、楊志らが率いる五千を援軍に行かせた。面白くないのは李逵だ。自分も行きたいと単身山を下りた。宋江は心配になり、戴宗、時遷、李雲、楽和、王定六に探しに行かせた。

李逵は居酒屋に寄り、梁山泊の韓伯龍《かんはくりゅう》だと名乗る主人を「お前なんか知らない」とぶち殺す。この居酒屋は入山を希望して来た韓伯龍に朱貴がやらせていた店だった。

一日歩くと、李逵は大男と会った。焦挺《しょうてい》という大男は格闘家で李逵もぶん投げられた。李逵は焦挺に梁山泊入りをすすめるが、焦挺は枯樹山《こじゅざん》の鮑旭《ほうきょく》を頼るところだと言うので一緒に枯樹山へ行く。李逵は枯樹山の叛徒たちの力を借りて単廷珪と魏定国をやっつけようというのだ。追いついた時遷に、李逵は「枯樹山に行くと兄貴に伝えろ」と言う。

一方、関勝ら五千は凌州に迫る。単廷珪と魏定国は迎撃に出る。宣賛は魏定国、郝思文は単廷珪と一騎打ちは互角だが、単廷珪と魏定国は伏兵五百をひそませていて、宣賛、郝思文を捕らえた。関勝軍は敗退した。林冲、楊志、孫立、黄信が駆けつけ、関勝を助けた。

単廷珪と魏定国は、宣賛と郝思文を凌州城に護送させるが、枯樹山の叛徒に襲われる。奪った囚人車に宣賛と郝思文がいたので李逵は驚く。宣賛は汚名返上のためにも枯樹山の八百で凌州城を攻めようと提案する。

関勝は林冲ら五千とともに凌州城を攻めた。単廷珪が出て来たのを一騎打ちで、関勝は馬から叩き落とし捕らえる。関勝は勝敗のことは言わずに、単廷珪が投降したと林冲に報告する。

単廷珪は攻めて捕らえれば魏定国は自害してしまうと言い、自らが説得すると、単身凌州城へ行く。魏定国は単廷珪に、関勝が一人で来れば投降すると言う。林冲は罠かもしれないと諫めたが、関勝は人を信じなければ信頼は得られないと、単身凌州城へ行く。かくて魏定国も投降した。

時遷の知らせを受けて、戴宗が枯樹山に来て、鮑旭らを梁山泊に迎えたいという宋江の伝言を伝える。かくて、関勝、魏定国、単廷珪、李逵、鮑旭、焦挺らは梁山泊へ戻る。そこへ段景住が現われる。段景住は楊林、石勇らと北に馬を買いに行っていたのだ。

［ノート37］失策と罰則

戦闘に勝ち負けがあるように、営業にも勝ち負けがある。

コンペの成功、失敗もあったり、営業売り上げノルマの達成なども求められる。そして、それらが失敗した時は、企業や営業セクションによっては、なんらかのペナルティを課せられるところもある。時には、罰金、降格人事もあったりするし、上司からの叱責や反省文を書かされる、などというのもあったりする。

梁山泊の戦闘は最終的には勝利を収めるが、祝家荘戦では二度の攻撃に失敗し、呼延灼戦では連環馬に敗れ、芒碭山戦や凌州の戦いでも緒戦に敗退している。敗戦の責任は一体誰がとるのだろうか。実は誰もとってはいない。

呉用は祝家荘戦の時に宋江に言っている。「戦《いくさ》は勝ちもあれば負けもあります」

その通りなんだ。一戦一戦の勝ち負けに一喜一憂してもはじまらない。負けたら、次の戦いで勝つ方法を考えればいいのだ。

細かな敗戦の責任をいちいち指揮官にとらせていては、士気が下がる。ましてや兵卒を叱責したり反省文を書かせても何も解決はしない。

凌州戦では関勝に五千の兵をつけたにもかかわらず、田舎の民兵指揮官の単廷珪と魏定国に敗れた。だが、それは関勝が武力で単廷珪と魏定国を打ち負かすのではなく、話し合いで投降させようと思ったことにある。呉用はそのことに疑念を抱き、林冲と楊志の五千を後から行かせた。それが幸いし、次には関勝は勝利した。

責任問題を騒ぐより、次の成功をもたらすために新たに行動を起こすべき。失策しそうな時は、それなりにバックアップにも気配りが必要ということだ。

ただし梁山泊の場合、自陣で責任をとらされることはなくても、戦闘に負けてそのまま討ち死にということもあるかもしれない。その過酷さと背中合わせだからこそ、いちいち責任の追及などしなくても将兵はいつも緊張感を持っていられるのかもしれない。

六十八――盧俊義、史文恭を生け捕る

段景住らが二百頭の馬を買い青州まで来ると、郁保四《いくほうし》という男が強盗団を率いて襲って来て、馬を奪って曾頭市に引いて行ったという。段景住は楊林、石勇とはぐれ、急ぎ梁山泊に知らせに来たのだ。

呉用はまず時遷に曾頭市を調べるよう命じた。しばらくして、楊林と石勇が戻って来た。二人は曾頭市の史文恭が梁山泊攻めを計画していると告げる。宋江はおおいに怒る。

さらには時遷が戻り、曾頭市は五つの砦を作り二千の兵に守らせていることを報告する。

梁山泊軍は五つの砦を一気に潰そうと五隊で出撃する。秦明、花栄ら騎兵三千、楊志、史進ら騎兵三千、朱仝、雷横ら歩兵三千、中央は宋江、呉用に、解珍、解宝、呂方、郭盛、戴宗、時遷ら五千、後詰に、李逵、樊瑞、李袞、項充ら歩兵五千、さらに、盧俊義、燕青が五百を率いてその後に続いた。

三日間、梁山泊軍と曾頭市はにらみ合った。史文恭は砦の前に落とし穴を掘って待っていたのだが、その作戦は時遷がすでに呉用に報告済みだった。呉用は騎兵に山のうしろから攻めさせ陽動し、粗朶《そだ》を積んだ車百輌に火をつけて南門に突入し、曾頭市に大打撃を与えた。

曾五兄弟の長男、曾塗《そうと》は宋江を捕らえようと一騎打ちを挑んで来た。呂方、郭盛が相手になるが二人は劣勢、花栄が矢を射て、ひるんだところを呂方、郭盛の戟が曾塗を仕留めた。

史文恭は曾兄弟に無理な攻撃を禁じ、今は砦に籠って宋江らを釘付けにし、官軍の応援を得て挟撃し、梁山泊軍を壊滅させようと言う。だが、曾昇《そうしょう》は兄を殺されて黙っていられないと出撃し、李逵を矢で射倒し、秦明らが加勢に来たので引き上げる。李逵の傷は浅かった。

史文恭は曾昇らを抑えられず、自らが出て、秦明を一騎打ちで倒す。秦明はかろうじて部下に救われたが、秦明軍は壊滅する。呉用は秦明を梁山泊に戻し、関勝、徐寧、単廷珪、魏定国を呼ぶ。

曾昇は勢いに乗って一気に宋江を討とうと夜襲をかけるがもぬけの空。そこを解珍、解宝率いる伏兵に襲われ退却。解珍が曾索《そうさく》を捕らえる。

曾頭市の村長、曾弄《そうろう》は怯え、ここらが引き時だと宋江に和睦の手紙を出した。宋江は怒ったが、呉用は多くの人民が死ぬのはよくないから和睦をしようと言い、使者を送る。話し合いで、お互いに人質を出すことに決まり、梁山泊からは、李逵、時遷、樊瑞、李袞、項充が曾頭市に行く。史文恭は疑ったが、時遷は「李逵は宋江がもっとも可愛がっている弟だ」と言うので信じ、監視に兵五百をつける。

曾頭市からは、曾昇と郁保四が行った。宋江は最初に奪った馬、照夜玉獅子を返せと言う。

そうこうしているうちに官軍が動き出した。青州と凌州の討伐軍が宋江らの後に迫っている。この情報を知れば、史文恭は李逵たちを殺してすぐに挟撃に出て来るだろう。呉用は秘密裏に、関勝らを青州軍、花栄らを凌州軍に当たらせた。一方、宋江は郁保四と会う。宋江は曾頭市が倒れた後、郁保四を梁山泊の仲間にすることを約束。郁保四は逃げたふりをして史文恭のところへ行き、梁山泊軍が青州軍と凌州軍に苦戦していると伝える。史文恭は勝機と感じ、全軍を率いて宋江軍を攻めた。

その頃、時遷は鐘を叩いて大騒ぎし、李逵、樊瑞、李袞、項充は護衛兵五百を斬り、どんどん斬りまくった。

史文恭は曾頭市が陥落したのを見て、照夜玉獅子に乗って一人戦場を離脱した。しばらく行くと、いきなり出て来た朴刀で馬から叩き落とされた。朴刀を手にしていたのは燕青で、史文恭は盧俊義の伏兵軍に捕らわれた。

かくて曾頭市は陥落、曾弄は自害。曾密《そうみつ》は朱仝に斬られ、曾魁《そうかい》は乱戦で死んだ。梁山泊は曾頭市の金銀、米などを略奪し、引き上げた。

宋江は晁蓋の遺言通り、史文恭を捕らえた盧俊義が梁山泊の頭領になるべきだと言い、呉用は宋江が頭領で盧俊義は第二席でいいと言う。そして、李逵や武松に目配せする。宋江を尊敬している李逵や武松は「宋江が頭領でなければ梁山泊ではない」と騒ぎ出す。

六十九――史進、東平府で騙される

宋江は一つの提案をした。東平府、東昌府の二つの都市を、宋江、盧俊義がそれぞれ兵を率いて攻めて、先に陥落させたほうが梁山泊の頭領になる。これには呉用も、他の好漢たちも異を唱える理由がない。

すぐに軍を配備し、宋江は、林冲、花栄、劉唐、史進、徐寧ら二十五名の隊長に一万の兵、阮三兄弟が水軍を率いて兵站を受け持ち、東平府へ向かった。そして、盧俊義は、呉用、公孫勝、関勝、呼延灼、朱仝、雷横、楊志、索超ら二十五名の隊長に一万の兵、李俊、童威、童猛が水軍を率いて兵站を受け持ち、東昌府へ向かった。

宋江は、郁保四と王定六を開戦の使者として東平府に送ったが、東平府の守備隊長の董平《とうへい》は二人を皮が裂けるほど鞭で打ち帰す。宋江は激怒する。

史進が東平府になじみの遊女がいるので城内の様子を探りにゆく。だが、遊女の李瑞蘭《りずいらん》に裏切られ、簡単に捕らわれる。

呉用が盧俊義の陣から飛んで来て、女は裏切るものなのに史進を行かせたのは軽率だと言い、顧大嫂に作戦を授けて帰ってゆく。顧大嫂は女乞食に化けて東平府に潜入、「晦日に総攻撃があるから、晦日の夜に暴れろ」と告げる。だが、牢役人が一日前に「今日は晦日」と教えたので、史進は一日前に牢内で暴れ、数十名の牢役人を殺したところ、董平はすぐに牢城に兵を派遣し、史進を押さえた。そして、自らは兵を率いて宋江の陣を急襲した。董平は一騎打ちで韓滔を追い詰め、徐寧と互角に戦い、陣へ引き上げた。宋江は董平の腕に感心し、仲間にしたいと思った。

さて、董平は知事の程万里《ていばんり》の娘を嫁に欲しいと願っていたが、程太守が拒んでいるため、実は二人は不仲であった。程万里は元は童貫の家庭教師だったのがコネで知事になり、童貫への賄賂のため住民を苦しめていた。

宋江は自らが東平府を攻め、負けたふりをして逃げ出した。董平は怒り追った。宋江は寿《じゅ》春県《しゅんけん》の間道まで逃げた。董平らは追い上げて来る。勿論、罠が用意してある。王英、扈三娘、張青、孫二娘ら百名の伏兵がいた。縄で馬を絡めて、王英らが董平を捕らえた。

宋江は董平の縄を解き、その武勇を称え、梁山泊の仲間入りをすすめた。董平は梁山泊に入山することを誓い、東平府攻めの先鋒を務める。董平が戻ったので、守兵は城門を開けたが、董平に続くのは宋江ら。董平は程万里を血祭りにし、娘を奪った。宋江らは牢城へ行き、史進を助けた。

宋江は東平府の蔵を開けて、財を住人に分け、残りは阮三兄弟が梁山泊に運んだ。そこへ白勝が東昌府の盧俊義が苦戦していると知らせに来る。

七十――張清、石で英雄を打つ

東昌府を攻めた盧俊義の苦戦の理由は、東昌府の守備隊長、張清《ちょうせい》が礫投げの名人で、すでに郝思文、樊瑞、李袞、項充が礫で傷を負わされたという。

宋江は東昌府に駆けつけると、張清は部下の龔旺《きょうおう》、丁得孫《ていとくそん》を左右に出て来た。宋江は諸将に一騎打ちを命じるが、徐寧、燕順、韓滔、彭玘、宣賛、呼延灼、楊志、朱仝、雷横が立て続けに礫の餌食となり、劉唐は捕らわれた。

そこに出て来たのが董平だ。董平は礫をかわしてもつれ合い、宋江軍から林冲、花栄、索超が、張清軍から龔旺、丁得孫が出て乱戦になった。結局、軍を退く時に索超が礫を食らい、林冲、花栄は二人がかりで龔旺を捕らえた。また、盧俊義の傍にいた燕青が丁得孫の馬を射て、落馬した丁得孫を呂方、郭盛が捕らえた。

呉用は負傷した好漢を梁山泊に帰し、魯智深、武松、孫立らと残りの水軍を呼んだ。

魯智深率いる荷車隊と、水軍の輸送船団が宋江の陣に近づいたことを知った張清は、梁山泊が長期戦に備えて食糧を運んでいると見て、これを襲いに現われた。魯智深は礫一発で倒された。今度は輸送船団に兵を進めるが、目の前に黒雲が立ち込めて動けなくなった。公孫勝の妖術だ。そして川のほとりで、阮三兄弟に捕らわれた。張清のいない東昌府はあっさり陥落した。劉唐は助け出された。

魯智深らは張清を殺すと怒るが、宋江は張清をかばい、やがて張清も梁山泊の仲間となった。部下の龔旺、丁得孫も仲間となり、他に東昌府に住む獣医の皇甫端《こうほたん》も梁山泊に加わった。

七十一——梁山泊に百八星、集う

宋江は百八人の英雄が集ったことを喜び、七日七夜の羅天大醮《らてんたいしょう》を行った。羅天大醮とは星の祭りである。

すると七日目に火の玉が落ちて、そこから石碑が出て来た。古代文字が読める道士がいて読むに、そこには三十六人の天罡《てんこう》星《せい》、七十二人の地煞星《ちさつせい》の名が刻まれていた。これで百八人が天星の生まれ変わりだったことがわかる。

やがて、忠義堂には「替天行《たいてんこう》道《どう》」の旗が掲げられる。

梁山泊の英雄たちと石碑

［ノート38］リーダーとは何か

組織にとってリーダーとはもっとも重要な存在である。企業で言えば経営陣であり、そのトップに立つCEOともなると権力と責任は大きい。

梁山泊の頭領は宋江。七十一回で頭領に選ばれる。では、宋江は組織のトップとして適任であろうか。

実は宋江という人物、主人公なのに「水滸伝」読者にはあまり評判がよろしくない。

理由はあげたらきりがない。まず、宋江が頭領としての器かどうかが疑問。名前先行で実力が伴っていない。武芸がまるで出来ない。といって頭が切れるわけではない（どちらかというと性格はプッツンしている）。泣き虫。およそ豪傑としての見所がない。自分に優しく他人に冷たい。中途半端な親孝行（ある意味でファザコン）。軽率な行動でみんなに迷惑を掛ける。他人に対して警戒心がない。やり方が姑息で残酷（秦明や朱仝のスカウト）。ホモ野郎（かもしれない）。まだまだあるかもしれない。

これだけ並べると、まったく組織のトップの資質がゼロのようにも思われるが、はたしてそうだろうか。

実は宋江ほど、組織のトップとして適任な人物はいないのだ。いや、組織のトップは彼のようであるべきだと筆者は考える。

武芸がまるで出来ないのは、革命軍のトップの致命傷。そんなことはない。梁山泊には武芸達者がごろごろいる。何も宋江が槍をふりまわす必要なんてない。

頭が切れるわけでなくても構わない。戦略、戦術は、呉用や朱武にまかせておけばいい。大将自ら槍を取って先陣で戦うほうが兵の士気が上がるという考え方もある。しかし、これは実戦においては危険を伴う行為だ。将棋だって王将取られたら負けなんだ。大将が討ち取られたら、大将のカリスマ性が強いほど、打撃が大きい。どんなに強い大将だって、戦闘にはハプニングがある。強い敵はいくらもいるし、弓や火器、落とし穴だってある。たとえ武芸の達人であっても一軍の将たる者、早々軽はずみに先陣に立つものではない。トップが陣頭に立つ場合は勿論あるが、それはホントのここ一番の時であろう。

梁山泊最初の軍事行動、祝家荘との戦いで、宋江は第二席頭領として一軍を率いて戦う。革命軍の初期戦闘では、組織そのものが確立されていないし、人材も少ない。だから陣頭に立たざるをえないのであるが、この戦闘で宋江はさんざんな負け方をする。もし林冲が駆けつけなければ、宋江は祝家に捕らわれ、戦そのものが梁山泊の負けになっていたところだ。

戦闘能力もなく、戦略、戦術にも長けていない宋江の唯一の取り柄は何かと言えば、部下からの絶対的信用である。李逵や武松、花栄、呉用、張順……、皆、宋江のために一命を賭して戦った。

後述する李逵の最期は宋江の手で毒杯を飲まされ、「兄貴に殺されるなら本望、あの世でもお供いたします」と言って死んでゆくのである。

では、戦闘もせず戦略も立てない宋江は何をするか。トップの仕事とはもっと別のところにあるのだ。

宋江は梁山泊に入り、晁蓋に次ぐ二席の座に就き、呉用らのサポートのもと、梁山泊の方針を決定してゆく。「替天行道」という旗を掲げ、宋江は無頼の集団を組織にまとめてゆくのである。

現代の企業のトップだって、ちょこまか動き回っちゃいけない。現場にいちいち口を出すのは、ろくな経営者ではない。部下を信頼していればいい。ましてや梁山泊はエキスパートの集団なのだ。では、トップの仕事とは何か。ずばり、その集団がどうあるべきかの方針、指針を決定するのである。梁山泊の方針、意思決定をするのが頭領の仕事なのだ。

トップダウンですべての仕事を仕切るから手間がはぶけ敏速に業務が進む。トップは企業の仕事すべてに目を光らせるべきという意見もある。しかし、大きな組織になればなるほど、トップがすべての業務にきめ細かに対応するなんていうことは不可能である。なんのために部下がいるのか。部下なんか頼りない、というのなら、頼れる部下をエキスパートに育てればよいのだ。

敏速性を言うのなら、決裁権を部下に委ねるべきである。そのためにも会社の方針だけは明確に決定し、それに基づいて行動出来る部下が必要なのである。

宋江が梁山泊の方針を決定する。呉用がそれを実践する戦略を立案する。それに基づき他の百六人がそれぞれの技能を発揮して行動する、それが梁山泊なのだ。

宋江の決定した方針とは、晁蓋頭領のもと、ただの義賊だった梁山泊に、「替天行道」の旗を立て革命軍に仕立てていくこと。百八人勢揃い後は、帰順という方針を立案した。帰順後は、国家の軍隊として、外圧の遼《りょう》をはじめ、田虎、王慶、方臘ら叛乱軍を鎮圧する戦いを繰り広げていった。帰順には反対の好漢もいたが、それでも宋江の方針には従った。

組織には、その組織がどうあるべきかという方針が不可欠だ。企業でいうところの企業理念である。それをきちんと打ち出せる能力のある人物をトップと呼ぶ。その意味で宋江はトップとしては申しぶんのない人物だ。

宋江にその能力があったのか。彼の気まぐれが梁山泊の方針となったのかもしれない。しかし、それで梁山泊は動いた。百七人とその部下たちが宋江を信頼し行動した。宋江は梁山泊の面々に慕われていた。そして部下たちを信頼していた。そこが重要なのだ。

方針を決定し、細かな現場のことには口を出さず、部下を信頼する。宋江こそが、まさしく梁山泊の頭領なのだ。

「ノート39」梁山泊再編成

ここで梁山泊の組織の再編成が行われる。

組織として大きくなった梁山泊が、軍事的に動く上での有効な体系が作られたわけだ。

まず首脳部には、宋江、盧俊義の二人の頭領と、軍師の呉用、軍師補佐として朱武が就く。公孫勝は普段は梁山泊内の道観に住み、敵に妖術使いが現われた時などにアドバイスをする、顧問軍師みたいな役割を担う。

また、金銭・食糧など物資の管理の統括を、元地主の柴進、李応が受け持つ。勿論、柴進、李応に実務は出来ない。裴宣、蕭譲、金大堅、蔣敬が、人事、総務、経理などの実務を行い、遠征のおりの兵站も担う。首脳部が、梁山泊の方針と、それを実践するための戦略を作成する。

そして、戦闘においては、騎兵、歩兵、水軍の三つの組織を編成する。

本来、軍隊は歩兵が基本であるが、梁山泊では騎兵が主軸となる。中国全土が戦場となるわけだから、広い中国を短時間で移動するには、馬が不可欠ということだ。機動力に加えて、騎兵は圧倒的な強さがものを言う。戦闘も移動も馬なくしては考えられない。

梁山泊においては、騎兵は官軍の将軍や軍人出身者が主力となっている。戦闘経験も豊富で、組織として行動することに慣れた者たちである。企業においては、営業の主力となる。企業相手などの大きな営業を担当する部署に当たるのだろうか。

関勝、林冲、呼延灼、秦明、董平の将軍格を五虎将とし、花栄、楊志、張清、徐寧、索超、朱仝、史進、穆弘の戦闘力と指揮能力の高い者たちを八虎将とし、黄信、孫立ら二十名が副将を務める。

梁山泊の主力戦闘部隊は騎兵だが、城攻めなどで欠かせないのが歩兵である。伏兵なども行い、敵に打撃を与えたりもする。長距離の移動は時間がかかるが、短距離なら山道を進んだりも出来るから、場所によっては騎兵よりも機動力を発揮出来る場合もある。主力部隊のサポートも行い、独自にも行動する。もうひとつの主力部隊である。現代企業なら、主力商品の付属品から新規企画まで、あらゆる対応が出来る柔軟性のあるセクションになるのだろう。

魯智深、武松、劉唐、李逵、雷横、楊雄、石秀、解珍、解宝、燕青が歩兵頭領、李忠、薛永、穆春らが副将を務める。魯智深、武松はコンビで独自に動いたり、李逵は鮑旭、李袞、項充で突撃部隊を編成したりと、戦闘に応じて臨機応変な対応も出来る。

そして、第三の部隊が水軍である。梁山泊は、黄河の氾濫で出来た湖にある島である。黄河への水路は自然のものや、作られた運河なども多数あり、そうした水路で守られた自然の要塞である。湖と水路で守られているわけだから、守戦の要は水軍になる。

水軍頭領は、李俊、阮三兄弟、張横、張順兄弟ら。もともと梁山泊近くの湖で漁師をしていた阮三兄弟や、江州から来た、李俊や張兄弟、彼らの卓越した操船術や、水泳術が、鉄壁の守備となる。また、船を用いた兵站などにも役立つ。

現代企業において、営業は攻めだけではない。守りの営業もある。店舗にての販売は、買いに来る顧客に満足を提供するだけではない。顧客のニーズを摑み、新たな事業展開、新規技術の開発にも繫げてゆく、守りを転じた攻めの営業にも繫がるのだ。梁山泊水軍は守りだけではない、鉄壁の守備から相手の情報を摑み攻めに転じる営業部隊なのである。

戦闘部隊以外では、情報収集と分析が重要で、情報部の統括は戴宗が務める。戴宗の配下として動くのは、楽和、時遷、白勝、段景住。情報収集は四つの居酒屋で、朱貴、張青・孫二娘夫婦、孫新・顧大嫂夫婦、李立らが務める。

他にも、武器製造（湯隆）、造船（孟康）、家屋の建築（李雲）、医師（安道全）などがいて、組織をバックアップするほか、「替天行道」の旗を掲げる旗手の郁保四も重要な役割として存在する。

季節は夏が過ぎ、また秋になった。

宋江らは菊の宴を開いた。宋江は「いずれは招安《しょうあん》（大赦による帰順）を受けて国家のために働きたい」という意味の詩を作り、楽和が歌った。すると武松や李逵が怒り出した。魯智深は「腐った役人が牛耳っていて白いものも黒いと言う。招安に応じるなら梁山泊を解散しよう」と言う。宋江は「皇帝は賢明な方で今は奸臣《かんしん》にたぶらかされているだけで、今に雲が晴れる時が来る」と言い、涙を流す。

冬のある日、灯籠を運ぶ職人たちが梁山泊の麓を通りかかったのを手下が捕らえた。宋江は彼らを帰した。灯籠は開封に送られ、元宵に飾られる。宋江は灯籠見物に行きたいと言うが、呉用は危険だから行くべきではないと言う。

七十二――李逵、元宵の夜に東京を騒がす

宋江は、柴進、史進、穆弘、魯智深、武松、朱仝、戴宗、劉唐と開封に行くことにする。李逵もどうしても行きたいと言うので、供として連れてゆくことにし、お守役として燕青も行く。宋江らは一月十一日に開封に着き、城外に宿をとった。翌日、柴進と燕青が城内に偵察に行った。柴進は宮中警備の役人を騙し内裏に潜入、皇帝の執務室に四大叛徒の名が記してあり、「山東宋江」の字を切り取り帰る。柴進は内裏のことを宋江に報告した。宋江はただ嘆息し何も言わなかった。

十四日、宋江らは城内に灯籠見物に出掛けた。宋江、柴進、戴宗は料理屋の座敷で灯籠見物をするが、隣の料理屋にいる李師師《りしし》という美女に気を留める。李師師は芸妓だが、徽宗皇帝のお気に入りで、噂では徽宗皇帝は内裏と妓館の間にトンネルを作って通っているのだという。宋江は李師師を通じて皇帝に梁山泊の帰順の意思を伝えられないかと考えた。

燕青は李師師の屋敷へ行き、女将の李媽媽《りばば》と会い、宋江を河北の金持ちと偽り、李師師に一目会いたいと言い、宋江は李師師と会う。

ところが、そこへ徽宗皇帝がやって来る。宋江は直訴も考えるが、諦めてその場を辞す。

そして、はめをはずして呑んでいた史進と穆弘を連れて城外の宿へ帰る。面白くないのは留守番をさせられていた李逵だ。

翌十五日、宋江は文句を言う李逵も連れ城内に出掛けた。宋江らは李師師の屋敷へ行く。宋江、柴進、燕青は座敷に上がり、李師師との酒宴になる。戴宗、李逵は供の部屋に控えさせられた。

宋江は詩を作り、李師師に渡す。意味は、「自分たちは梁山泊に仮住まいをしているが、都の美女の情けにすがり、皇帝から招安の命令を受けて国家のために働きたい」。だが、李師師に意味はわからなかった。そこへ今日も徽宗皇帝がやって来たとの知らせ。宋江は今しか直訴の機会はないと言うが、柴進はたとえ皇帝が認めても、奸臣たちに覆される、まだその時でないと止める。

その時、門で騒ぎが起きる。李逵が皇帝の供の楊戩《ようせん》将軍に怒鳴られたので、これをぶん殴ったのだ。もう李逵は誰にも止められない。あわてた柴進と戴宗は、燕青にあとを頼み、宋江を無理矢理城外に連れて逃げる。

李逵は暴れるだけ暴れ李師師の屋敷に火をつけた。徽宗皇帝は驚いて、宮殿へ戻る。高俅が兵を率いてやって来る。李逵と燕青には、史進と穆弘が加勢、四人は次々に兵士を斬り城門へ。城門は、魯智深、武松、朱仝、劉唐が制圧していたので、八人は合流し城外へ逃げる。追撃の部隊は、どうせ騒ぎが起きると予想していた呉用が林冲ら騎兵千を城外に配備していたので、これに阻まれた。宋江らは林冲率いる騎兵に守られ梁山泊へ戻る。李逵と燕青は別の道を通って梁山泊をめざす。

七十三――李逵、鬼退治をする

李逵が城へ戻ってふたたび暴れようとするのを、燕青が無理矢理引きとめた。燕青は追っ手を避けて、二人は間道をまわり道し、梁山泊へ向かった。

二人は四柳村《しりゅうそん》というところで村長の狄《てき》太公の屋敷に泊めてもらう。狄太公が李逵を僧侶と勘違いし、一人娘に化け物が憑いて暴れているので助けて欲しいという。娘に憑いているのは化け物ではなく間男だった。李逵は娘と間男の首を刎ねる。狄太公はなんで娘は助けてくれなかったと泣く。

そのあとは何事もなく、もうすぐ梁山泊というところで、荊門鎮《けいもんちん》という街に泊まる。そこの金持ちの劉太公が困っているというので話を聞くに、梁山泊の宋江と柴進が来て娘をさらったのだという。李逵は、今まで宋江に騙されていたのか、と激怒する。李逵は梁山泊に急ぎ戻り、宋江を殺そうとする。燕青は止めるが、李逵は、宋江は開封でも李師師の座敷に上がった、もともと女好きのとんでもない奴だと決めつける。

宋江は娘をさらったのが宋江かどうか劉太公に会おうじゃないかと言い、宋江と李逵は荊門鎮へ行くに、娘をさらったのは宋江の偽者だとわかる。李逵は宋江に詫びた。

宋江と柴進の偽者は、牛頭山《ぎゅうとうざん》の王江《おうこう》と董海《とうかい》と知れる。李逵は燕青の力を借りて、王江と董海を退治し、劉太公の娘を助ける。

しばらくして宋江は、泰山で相撲大会があることを知る。

「ノート40」責任のとり方

人間誰でもミスはある。失策もするだろう。一生懸命やっても駄目なこともある。

そんな時はどうするか。李逵はすぐに「首を刎ねろ」と言う。死をもって償う、それがもっとも重い償い方だ。李逵の場合、自分が大勢殺すから、自分の命にも無頓着なのかもしれない。いやいや、宋江は絶対に自分の首を刎ねないと信じている（甘く見ている）というところがなくもない。

現代社会では、首を刎ねることはないが、首を切る、職を辞して責任をとるというのはままある。というか現代社会では、一番の責任のとり方になるんだろう。

それより軽いと、降格、減俸、譴慎などの罰則もある。

お詫びで済ます方法はないか。何も会社も無理矢理罰則を課したいわけではない。貴重な人材にはなるべく傷をつけたくないというのも人事の考えにはある。

でも誰かが責任をとらないと、対外的にまずかったり、社内的に士気が下がることもある。人事の厳しいところである。

李逵は宋江に詫びたわけだが、この詫び方が見事だった。入れ知恵したのは燕青であるが、李逵は裸になって自らを縄で縛り、背中に刑杖（棒打ちの刑に用いる杖）を背負って、これで殴ってくれと頭を下げた。早い話がお詫びパフォーマンスだ。

そんなパフォーマンスで許されたわけでもあるまい。宋江はわかっていたのだ。李逵は粗忽者だが、きちんと責任のとれる好漢だということを。李逵は燕青の力を借りて、牛頭山の賊徒を退治して、さらわれた娘を助け出した。ミスを挽回できた。大事なことは、謝ることでも罰を受けることでもない。失策は自力で取り戻す、そのサポートをするのが人事の仕事でもある。

七十四——燕青、智をもって擎天《けいてん》柱《ちゅう》を撲《う》つ

燕青は格闘技を得意としていて、泰山の相撲大会に出たいと言い、旅立つ。しばらく行くと李逵が追って来た。牛頭山の件で燕青に世話になったので、今度は助けになりたいと言う。

泰山の相撲大会では、任原《じんげん》（仇名が擎天柱）という格闘家が二年続けて優勝していた。燕青は戦いを挑む。やって来ていた知事は燕青を気に入り、任原が強く、負ければ殺されることも知っていたので、取り立ててやるから試合を止めるよう言うが、燕青は断わる。

そして試合は、燕青が機転を利かした技を繰り出し、任原を倒す。

任原が倒されたので、任原の弟子たちが暴れだした。どさくさに賞品をぶん捕って逃げようというのだ。役人も止められない。だが、そこに暴れこんだ者がいた。李逵だ。「梁山泊の李逵だ」。観客の中に李逵を知る者がいた。知事は李逵と聞いて腰が砕けた。観客たちも先を争って逃げ出した。李逵は

燕青、相撲で擎天柱を倒す

気を失っている任原の頭を岩で潰して、燕青とともに逃げた。すると歓声が響く。李逵が騒ぎを起こすと思った梁山泊は盧俊義が援軍を率いて来ていた。

泰山の騒ぎは開封に報告された。徽宗皇帝は、梁山泊には以前討伐軍を出したが、その後、何も報告を受けていないと怒る。崔靖《さいせい》という官僚が、梁山泊は義士の集まりなので、招安して国家の軍として働かせたほうがよいと上申する。徽宗皇帝はおおいに喜び、陳宗善《ちんそうぜん》という役人を使者に送ることとした。

七十五——阮小七、下賜の御酒を盗み飲みする

陳宗善が皇帝からの勅命を受け旅支度をしていると、宰相の蔡京に呼ばれた。しばらくして、高俅にも呼ばれた。二人はそれぞれに大切な任務であるからと、供に腹心の者をつけてやろうと言い、翌日、蔡京のところから張幹辨《ちょうかんべん》、高俅のところから李虞侯《りぐこう》がやって来て、陳宗善の一行に加わった。

陳宗善は済州に来て、張叔夜《ちょうしゅくや》知事の歓待を受ける。張叔夜は、宋江は帰順を望んでいるので、おだやかに話をすれば必ずや招安に応じるでしょうと言う。ところが、張幹辨と李虞侯は

おだやかに話しては朝廷の威厳が保てないと言い、あくまでも招安は朝廷からの命令であるという形をとらねばならないと言う。張叔夜は陳宗善に「この二人は連れて行かないほうがいい」と進言するが、張幹辨と李虞侯は「我々に任せておけば間違いはない」と言うので、それ以上この件を話すことはやめてしまう。

一方、宋江は陳宗善の使者が来たので、いよいよ招安だとおおいに喜ぶ。だが、呉用、関勝ら朝廷のやり方を知っている者たちは、今度の招安の使者には従う必要はないと言い切る。それでも宋江は、柴進、宋清、曹正に宴会の支度をさせ、裴宣、蕭譲、呂方、郭盛を二十里先に出迎えに行かせた。

裴宣、蕭譲、呂方、郭盛が陳宗善に挨拶をすると、張幹辨と李虞侯が怒り出した。「宋江が何故出迎えに来ない」「本来死罪のところを許してやるというのがわからないのか」、裴宣、蕭譲はひたすら頭を下げて詫びた。

やがて一行は舟に乗る。船頭たちが歌を歌いながら舟を漕いでいると、李虞侯が怒り出し、武器を手にしたので、船頭たちは湖に飛び込んで逃げた。舟の頭の阮小七は最後に舟の栓をぬいて飛び込んだので舟が沈みはじめた。すぐに李俊らの舟が来て、陳宗善の一行を助けた。

沈みかけた阮小七の舟には梁山泊に下賜される酒が積んであった。阮小七は「ちょっと味見しよう」と言い、部下たちと酒を全部飲んでしまう。これはまずいと思い、代わりに安い濁酒を入れておいた。

宋江は船着き場で陳宗善一行を迎えた。相変わらず、張幹辨と李虞侯は宋江に高圧的にものを言う。

やがて忠義堂に来た一行を百七人が迎えた。李逵の姿が見えなかった。蕭譲が招安の詔《みことのり》を読んだ。だが、その文面は招安の詔ではなく、梁山泊への降伏勧告だった。これには宋江も怒った。そこへ李逵が現われ、蕭譲の手から詔を奪うとビリビリに破いた。そして、陳宗善を殴ろうとした。宋江と盧俊義が飛び出して李逵を押さえた。

手下たちが李逵を外に連れ出した。とにかく下賜された酒をいただこうということになったが、配られた酒は阮小七がすり替えた濁酒。魯智深らは激怒した。宋江は一同を止め、部下に命じて陳宗善一行を山から下ろした。陳宗善らは腰を抜かして逃げて行った。

呉用は、すぐに官軍が攻めて来るから軍備の充実を計るよう言う。

陳宗善らは済州まで逃げるように戻り、ことの次第を張叔夜に報告したのち開封へ戻った。

蔡京は童貫、高俅、楊戩を集め協議した。梁山泊に招安なんて最初から無理だ。招安を上申した崔靖をまず処断する。そして、いよいよ童貫が官軍を率いて梁山泊を討伐することとなる。

七十六——宋江、童貫軍を迎え撃つ

童貫は東京管下《とうけいかんか》八路《はちろ》の各州からそれぞれ一万、近衛師団から二万、計十万の軍を率いて梁山泊へ向かった。

童貫軍は済州まで一気に進んだ。張叔夜は梁山泊は智謀に長けているから、作戦を練って攻めましょうと進言するに、童貫は「知事が弱腰だから梁山泊をのさばらせた」と怒る。

翌日、童貫は全軍で梁山泊に迫った。梁山泊も全軍でこれを迎えた。宋江は九宮八卦《きゅうきゅうはっけ》の陣を敷いた。九宮八卦の陣とは諸葛孔明が用いた陣形で、敵の攻撃に応じて変化して防戦し攻撃に転じるもの。軍略に長けた朱武が陣形を指揮した。

七十七——宋江、童貫軍を破る

秦明、董平、索超軍が突撃し、童貫軍は切り崩され、童貫軍は一万の兵を失い、三十里後方に退いた。

童貫は三日休み、軍を立て直し、近衛軍将軍の酆美《ほうび》、畢勝《ひっしょう》を指揮官に二万の近衛軍を中心に兵を進めた。しかし、梁山泊の麓には一兵もいなかった。湖には釣り人が一人いたが、これが張順で、捕らえようと湖に飛び込んだ官軍の兵士五百人が湖の中に沈められた。

梁山泊山上で旗がふられた。酆美と畢勝は馬を飛ばして十万全軍に武器を取れと命じた。その時、朱仝、雷横率いる五千が童貫の本陣を襲った。酆美と畢勝が迎え撃つ。朱仝と雷横は兵をまとめて退却、童貫軍が追うと、そこには、「替天行道」の旗がひるがえり、宋江、呉用、公孫勝、花栄、徐寧が現われた。童貫は「宋江を捕らえよ」と命じた。

その時、秦明と関勝率いる五千が後軍を攻撃しはじめる。童貫が退こうとした時、朱仝と雷横が反転、さらに横からは、呼延灼と林冲率いる五千が襲って来た。童貫は血路を開き逃げた。だが、魯智深と武松、解珍と解宝率いる歩兵が待ち伏せていて阻む。二人の将軍が援軍に来るが、董平、索超が阻み、董平は将軍の一人を槍で串刺しにした。

酆美と畢勝は童貫を守って必死で逃げた。やはり退却中の軍と合流するが、その前に楊志と史進が現われて、八路の二将軍を斬る。酆美は単騎で血路を開き、南に待機している軍に走り、援軍を率いて駆けつけた。

夜になった。酆美は三人の将軍と童貫を守り、軍を残して逃走した。ようやく済州との境界まで来たが、そこには、盧俊義が楊雄、石秀を左右に三千の兵を率いて待っていた。酆美が囮《おとり》となり、童貫を逃がす。盧俊義は酆美を一騎打ちで倒し捕らえる。

三人の将軍に守られて逃げる童貫の前に、李逵が現われる。左右には、李袞と項充がいる。李逵は将軍一人の頭を叩き割り、駆けつけた張清は礫で将軍一人を倒す。

童貫は畢勝一人に守られ、済州には寄らず、一気に開封まで走り通して逃げた。

宋江らは勝利し、梁山泊に引き上げた。盧俊義が捕らえた酆美は縄を解かれ、二日の間酒食でもてなされ開封へ戻った。

七十八――十節度使、梁山泊を攻める

戴宗と劉唐が開封に様子を探りに行った。

童貫は退却して来た四万の兵をまとめて開封に戻り、蔡京、高俅に相談するに、二人は討伐の失敗は隠蔽しようと言う。その上で高俅は今度は自分が討伐軍の指揮をとると言い、梁山泊を攻めるには船が必要だと説く。そこへ酆美が戻って来る。酆美は酒食でもてなされて釈放されたことを報告するが、高俅はそれが官軍の士気を貶めるための宋江の策略だと言う。

翌日、蔡京は徽宗皇帝に、童貫が梁山泊討伐に行ったが、炎天で兵が動かせず、梁山泊も湖

の奥に籠ったきりだったので、とりあえず軍を退いたと報告した。その上で改めて、高俅を討伐軍の司令官に推挙する。

高俅は童貫と相談し、河北、山東から十人の節度使《せつどし》（地方の軍閥）を選び、それぞれ一万の兵を率いて梁山泊を討伐するよう命令書を送った。節度使とは、北方の外敵と戦い功のあった者たちで武芸にも優れていた。

［ノート41］人材の登用

やはり一つの国家である。官軍は層が厚い。八路の州の将軍が駄目でも、河北、山東に十人もの節度使がいて、それぞれ一万の兵を動かせるのである。

さて、人材をどのように登用して、任務に就かせるか。人事は社員の能力を把握し、適材適所の配置が出来るよう、トップに情報を渡すのが仕事である。

この場合、節度使十人は実戦経験の豊富な強者《つわもの》だ。だが、その指揮官に油断や驕りがあれば、優秀な部下を使いこなせない。また、人材が豊富すぎるゆえに、ある程度の能力の者に任せておけば大丈夫と思っているところがなくはない。戦闘は生き物であり、戦い方には向き不向きもある。どの将軍ならどんな戦い方をするのか、掌握して軍を配置しないから、どんなに大軍で攻めても勝てないのである。

十人の節度使は済州に集まることとなり、直接兵を率いて済州へ急いだ。節度使の中には、元は賊徒で招安を受けて将軍になった者もいた。また、建康府の劉夢龍《りゅうむりゅう》率いる一万五千の水軍も黄河に呼んだ。これが高俅軍の主力である。また、高俅の腹心、牛邦喜《ぎゅうほうき》は船を徴用し、済州に集結させた。

一方、戴宗と劉唐から高俅が十万で攻めて来るとの報告を受けた呉用は、先制攻撃だと、張清、董平が騎兵二千を率いて済州を攻めた。

高俅は秋まで待ってようやく開封を発ったが、舞姫、歌姫を三十人以上連れた物見遊山のような一行だった。

高俅は道中、兵士たちに村々での略奪を認めた。これで兵たちの士気を上げようというのだ。とんでもない話だが、確かに兵の士気は上がった。

節度使、王文徳《おうぶんとく》が済州の近くまで来ると、董平率いる一隊と張清率いる一隊に挟撃され、張清の礫攻撃を受けるが、節度使、楊温《ようおん》の軍が現われたので、董平、張清は退き、王文徳、楊温は済州へ入る。やがて、節度使が揃い、高俅本隊が到着、二日後、劉夢龍の水軍も到着したので、いよいよ梁山泊に進軍を開始した。

節度使の王煥《おうかん》は知略に長け、騎馬隊で攻撃すると見せて梁山泊軍を陽動し、その間に水軍で本山に突入するという作戦を進言し高俅は従い、王煥と徐京《じょけい》が先鋒となり梁山泊を攻めた。宋江自らが一隊を率いて、先鋒を迎え撃つ。王煥と林冲の一騎打ちは互角、次に荊忠《けいちゅう》と呼延灼の一騎打ちは、呼延灼の鞭が荊忠の首を飛ばした。だが、董平は項元鎮《こうげんちん》との一騎打ちで劣勢となり、高俅軍は水際まで宋江軍を追い詰めた。

一方、劉夢龍の水軍は梁山泊に迫るが、阮三兄弟、張横、張順らに船底に穴をあけられ壊滅する。劉夢龍が敗れたのを見た高俅はあわてて済州に撤退する。

七十九——劉唐、船に火を放つ

高俅と劉夢龍は済州に戻った。水軍は水練の達者な者は助かったが、多くが溺死させられた。徐京は元は旅商人で顔が広い。聞煥章《ぶんかんしょう》という軍学者を軍師に雇うことを進言する。宋江は軍を率いて済州を攻めた。高俅は迎撃に出た。呼延灼と韓存保《かんぞんほう》が一騎打ち、戦いはもつれ、二人とも川に落ちて、最後は組み打ちになったところで、張清が兵を率いて来て、韓存保を捕らえた。韓存保を奪還しようと攻め来る節度使たちに張清は追い込まれるが、関勝と秦明が現われ、節度使たちは済州に撤退する。

宋江は捕らえた韓存保に自分たちの目的はあくまでも帰順にあることを告げ解放する。済州に戻った韓存保を高俅は「裏切り者だ」と斬ろうとするが、王煥らが止め、韓存保は開封に送られる。韓存保は親戚のコネを使い、蔡京に無実を訴え、宋江らに帰順の意思があることを伝える。蔡京は軍師として遣わす聞煥章に再度、招安の詔を持たそうと言う。

済州では牛邦喜が千五百隻の船を調達して来たので、牛邦喜と劉夢龍が指揮をとり、歩兵を乗せて梁山泊に向かった。陸路は騎兵が援護した。湖には誰もいず、水軍は梁山泊の岸に着き、七百人が上陸したところへ、秦明が伏兵を率いて待っていて討ち取る。逃げようとする水軍は、劉唐が指揮する小舟に包囲され火をつけられた。公孫勝が風を起こし、高俅の水軍は業火に包まれた。水に飛び込んで逃げようとした劉夢龍は李俊に、牛邦喜は張横に捕らえられた。だが、梁山泊に連れてゆけば、宋江が解放してしまうので、李俊と張横は、劉夢龍と牛邦喜を斬り捨てた。

高俅が済州に逃げ帰ると、聞煥章の一行が招安の詔を持って到着した。もしここで宋江らが帰順したら、高俅の面目は丸潰れである。そこに現われたのは、済州役所の雑用係の王瑾《おうきん》という者、残忍で悪辣な奴で、王瑾は詔を読んで高俅に進言した。詔に「宋江、盧俊義らの罪を許す」と書かれているところの解釈を変えてしまおうというもの。これを二つの文に分けてしまうと、「宋江」「盧俊義らの罪を許す」は別になり、「盧俊義らの罪」を許しても、宋江は斬ってしまえる。宋江のいない梁山泊は恐れることもないと言うのだ。高俅はおおいに喜び、王瑾を秘書に取り立てた。

高俅は聞煥章に相談するに、聞煥章は皇帝の詔を勝手に解釈を変えるとはもってのほかだと言う。だが、高俅は聞煥章の諫言など聞かず、すぐに使者を梁山泊に送り、招安の詔が再度出されたので宋江にすぐ済州に来るようにと伝える。

宋江は喜んだ。盧俊義は罠かもしれないと言うが、呉用は済州に行こうと言う。ただし、呉用は李逵と王英らに済州城外にそれぞれ千の歩兵を率いて待機させた。

八十――宋江、高俅を破る

高俅は王煥ら節度使たちを武装させて済州城内に待機させた。宋江を斬ったあと、他の好漢たちがもし暴れれば、その場で討ち取ってしまおうというのだ。

宋江らが来たので、高俅は従者を従えて城外に迎えた。だが、宋江らは武装したままなので、すぐに武装を解くよう命じる。戴宗が詔の中身を確認しないと武装は解けないと伝える。高俅は済州の住民たちを集め証人とし、詔を読ませた。

呉用が花栄に目配せすると、花栄は弓で詔を射た。呉用は高俅の企みを見抜いたのだ。宋江らは退却した。追撃する高俅軍は李逵と王英が率いる伏兵が阻んだ。

高俅は宋江らが招安に応じる気はなく詔を射たことを開封に上申した。もはや梁山泊は討ち取るしかない。開封では、丘岳《きゅうがく》、周昂《しゅうこう》の二将軍に精兵二千を援軍として送った。

高俅は新たに船を作ろうと造船所を作る。とそこへ、葉春《ようしゅん》という船大工が協力を申し出て来た。葉春は海鰍船《かいしゅうせん》という最強の軍艦を作ることが出来るという。高俅はすぐに近隣に木材の調達を命じ、従わなかったり遅れたりした者は死刑にした。すぐに木材は集まった。

呉用は、張青、孫二娘、孫新、顧大嫂を雑役夫にまぎらせ造船所に潜入、火をつけさせた。騒ぎが起きたところで、時遷と段景住が城壁の櫓に火をつけた。済州城は混乱した。丘岳、周昂が城外に出ると、張清が精兵の騎馬軍五百でこれを襲い、礫で丘岳を倒して逃げた。

高俅は節度使たちに造船所の警備を厳重にさせ、葉春には海鰍船の建造を急がせた。

冬になり、三百隻の海鰍船が出来た。これで一気に梁山泊を潰せる。高俅は歌姫、舞姫たちと海鰍船に乗り込み三日三晩大宴会を行った。

そして、高俅自らに、聞煥章、傷が癒えた丘岳、節度使らも海鰍船に乗り込み梁山泊へ向かった。先鋒は大型船三十隻を丘岳、徐京が指揮、続く五十隻の小型舟は楊温が指揮、中軍には高俅、聞煥章が、舞姫、歌姫たちと乗り込んだ。殿軍は王文徳。海鰍船には大砲も積んであり、阮三兄弟や童兄弟の船団を蹴散らして進む。李俊、張横、張順も弓で攻撃され、船を捨てて湖に消えた。

ところが海鰍船が止まった。なんと、海鰍船の造船が遅れた間に、湖の底が埋められていて、船が進めないのだ。海鰍船は身動きが出来ない。すると小舟が近づき、またたくうちに梁山泊の兵士が海鰍船に乗り込み、官軍の兵士を斬りまくった。

張順が高俅を捕らえた。楊林が丘岳を斬り捨てた。水夫に化けていた李忠、鄭天寿、薛永、曹正、李雲、湯隆、杜興が暴れだした。盧俊義が陸から来る部隊を攻撃、王煥、周昂は済州に退いた。

宋江は忠義堂に戻り、捕らえた高俅の縄を解いた。高俅は流石に林冲に睨まれているのを見て怖気《おじけ》た。やがて、宴会が用意された。高俅は酒を呑み酔うとぐずぐずで、燕青と相撲をとりだした。

宴会は三日続き、宋江は招安を高俅に懇願した。高俅は今度こそ招安を約束した。蕭譲と楽和を供につけさせ、高俅と節度使たちは開封へ戻った。聞煥章は梁山泊に残った。

第五章　梁山泊帰順、国家の敵と戦う

――大きな組織内での人事のあり方を考える

国家の軍隊となる梁山泊。

より大きな組織の中で、人事はどのように行われるのか。

トップの目は下には届かない。独自の人材活用よりも、上の組織の都合が優先される。大きな組織内において、人事が出来ることを探ってみよう。

八十一――燕青、月夜に道君と会う

呉用は、高俅はその場限りのことしか言わない男だから、彼に梁山泊の招安を託しても無駄だと言う。高俅にとっては、まず敗戦の隠蔽が最優先で、供につけた蕭譲と楽和も軟禁されて

いるだけだ。それを聞いた宋江は招安よりも蕭譲と楽和の身を案じる。

燕青は、招安は李師師を通じて、徽宗皇帝に直訴するのがもっとも近道だと言い、戴宗も危険だがそれしか道はない、自分が燕青と一緒に開封へ赴くと言う。また、朱武は、かつて西嶽華山で会った宿元景将軍が立派な人物であるから、宿元景を頼ってはどうかと提案する。

宋江は聞煥章に宿元景のことを聞くに、聞煥章と宿元景は同門の勉学仲間であった。聞煥章は喜んで、招安の労を頼む手紙を書く。

戴宗と燕青は開封へ行く。燕青はすぐに李師師と会う。李師師は前回、宋江が書き残した詩の意味を問う。燕青は、先日来たのが梁山泊の頭領の宋江で、招安を望んでいることを話す。

その後、燕青と李師師は二人きりで、酒を酌み交わした。燕青は、梁山泊が童貫、高俅の軍を退けた話を聞かせる。そしてお互いに、蕭《しょう》を吹き、唄を歌った。李師師は燕青に裸になって刺青を見せて欲しいとせがむ。このままでは貞操の危機を感じた燕青は、李師師と義兄弟になり、貞操の危機を回避した。

「ノート42」女性問題について

人事の大きな課題の一つに「女性問題」がある。

女性が社会進出し、一人の社会人として活躍することに異論を唱える人は少ないと思う。

中には女性でなければ出来ない仕事を求められる場合もあろう。女性の発想で新しいアイディアを生むとかならいいが、美人秘書を侍らせたい役員とか、接待の宴会要員として女性社員を使おうなどというのはいただけない。そのあたりの職場環境のあり方には人事が目を光らせなければならないことの一つであろう。

一方で社内の恋愛問題もあったりする。一般的な恋愛なら、個人の自由だから問題はない。不倫だって、個人の責任のもとにやるんなら、外聞はともかくも、いちいち会社がなんか言うようなことではあるまい。

問題は恋愛が成就せずに別れたりして職場の人間関係がギクシャクしたり、職場内で三角関係みたいなことが起こったり、勘違いからストーカー騒動みたいなことが起こったり、男女のことは問題を起こしやすいということだ。

個人のことだから立ち入ることははばかられるが、問題が起こった時には相談の窓口を用意し真摯に対応することも大切だ。

また、不倫でもそうだが、とかく間違いが起こってそれがスキャンダルになる場合もある。政治家の不倫騒動や買春なんかはいい例だ。個人のことだから、勝手にやってろだが、政治家とか役員とか、社会的立場のある人のほうがそこらへんの脇が甘い場合が多い。

男性ばかりが悪いわけではなく、まぁ、たいていはスケベな男が悪いんだが、中には役員や人事の決裁権を持つ管理職に色仕掛けで迫る強者の女性もいたりする。

「据え膳食わぬは男の恥」は昔の話で、いまは「君子危うきに近寄らず」でいい。燕青のように「大事の前に女の色香に迷うのは、好漢ではない。禽獣にも劣る」くらいの気持ちでいたほうがいい。なかなか難しいが。

その夜、徽宗皇帝が李師師の屋敷に現われた。李師師は燕青を弟だと徽宗皇帝に紹介し、燕青は唄を聞かせた。そして、山東を旅した時に梁山泊に捕らわれ、三年過ごしたと言うと、徽宗皇帝は興味を持って梁山泊のことを尋ねた。燕青は、梁山泊には「替天行道」の旗が掲げられ、宋江らは義士で、招安を望んでいる、また、童貫、高俅の軍を撃破したことを告げた。童貫、高俅は敗戦を隠蔽していたので、徽宗皇帝はそのことをはじめて聞き、驚く。やがて、刻限が来て、徽宗皇帝は宮殿に帰る。

燕青も宿屋に戻り、戴宗と宿元景のもとへ手紙を届けた。そして、最後は高俅の屋敷に行き、蕭譲と楽和を助け出して、開封をあとにした。

八十二――梁山泊、帰順する

高俅は蕭譲と楽和が逃げたと知り、驚いて、しばらくは引き籠ることにした。

翌日、徽宗皇帝は、文武の百官を集めた。そして異例にも、童貫に直々に「昨年の梁山泊との戦はどうなったか」と聞いた。童貫は暑さで多くの兵が倒れたので引き返したと嘘を言う。

それを聞き、徽宗皇帝は激怒した。そして、燕青から聞いた合戦の模様を語った。童貫は無言で頭を下げた。

徽宗皇帝はさらに、宋江らを招安したいと言い、招安の使者を募ったところ、宿元景が名乗り出た。徽宗皇帝は自らがその場で筆を取り、招安の詔を書いた。そして、「招安」と金文字で記した旗を宿元景に持たせた。

「ノート43」トップダウン

組織が小さければ、トップが独断で細部まで決定してゆく、などということはよくあるが、組織が大きくなると、最終的な判断はトップがするとして、細かいことをいちいちトップが決定することはまずない。トップは信頼出来る人間をまわりにおいて、彼らに決裁権を与えてゆかねば、煩雑な日常業務に追われ、トップとしての仕事、企業の基本方針、重要課題の立案、決定などに支障をきたしてしまう。

ただ組織が大きくなればなるほど、決裁権を与える役員が信頼出来る者ばかりとは限らなくなる。能力があるゆえに、企業利益よりも私利私欲を優先する者もいたりする。失策を隠蔽する者もいるかもしれない。あの人は義理堅い人だ、という人が、能力よりも自分の親しい人を役職に就けたりしているかもしれない。大きな組織になれば逆に、役員の人事にも気を配らねばならない。

トップダウンの効果は短期でものごとが決められることだ。「私はこうしたいけれど、皆さんはどう思いますか」とトップに言われれば、反対意見を言う者はあまりいない。そこをあえて反対意見が出たとしたら、トップの意見に問題があると見なくてはいけないかもしれない。そこで再検討しなくてはならないが、たいていのことはトップダウンですぐ決定することが多い。だから、トップダウンでどんどん話を進めれば、何事もスムーズに進む、会議も判子もいらない、そういう魅力がトップダウンにはあるのだが、どうしても無理が生じる。

「うちは全部社長が決めるから」と役員が働かなくなる。また、部下たちがコツコツ積み上げて企画したものをトップの一言で「それは駄目だ」と潰しては、組織の士気も下がる。

あえて言えば、トップダウンは「伝家の宝刀」だ。たまに抜くから、真価を発揮する。ここぞという時には抜かねばならぬが、じっと我慢して部下たちに任せるのもトップにとっては重要な仕事の一つなのだ。

この話を聞いた高俅はふるえ上がり、当分参内を控えた。

宋江は宿元景が招安の使者として来るという情報を得て、万全の出迎えの用意をした。やがて、宿元景は済州城に入り、張叔夜に使者が来たことを宋江に伝えるよう頼む。張叔夜は自ら馬に乗り梁山泊に走り、宋江にこのことを伝えた。宋江は礼に金銀を渡そうとしたが、張叔夜は受け取らなかった。張叔夜は清廉の人だった。

すぐに呉用、朱武、蕭譲、楽和を張叔夜に同道させ、済州の宿元景に挨拶した。そうして呉用らの案内で、宿元景と張叔夜は梁山泊に行き、宋江と会った。蕭譲が詔を読み、宋江は涙して喜んだ。やがて大宴会が行われ、翌日、宿元景は帰って行った。聞煥章も開封へ帰った。

宋江は梁山泊の解散を命じた。五千ほどの者が梁山泊を去ることとなり、宋江は餞《はなむけ》の金品を渡した。

残りの者たちは宋江に従い国家の軍隊となることとなった。梁山

宋江ら、招安を受け梁山泊を去る

泊の銭糧は兵士に分けられ、備品は十日間、梁山泊で市を開いて売ることとなり、近隣の住民を呼び、市と大宴会が開かれた。

そしていよいよ、宋江らは「招安」の旗を立て梁山泊を去った。宋江らは済州の張叔夜に挨拶し、開封へ向かった。開封では、宿元景が城外に出迎えた。梁山泊軍は城外に宿営するよう命じられた。

［ノート44］派閥

梁山泊は、宋江以下百八人は星の宿命により一枚岩と思われがちだが、実はそうでもない。梁山泊内にも派閥があったりもする。

組織が小さいうちは、派閥なんか作ると、意見対立を煽ってギクシャクするだけだが、組織が大きくなれば、ある意味、派閥の存在が重要になってくる。

組織が誤った方向に向かっている時に、一人で何を言っても通らないが、ある程度の人数で反対意見を言えば、黙殺は出来ない。待ったを掛けられることもある。ある程度の人数で意見をまとめ、意見を戦わせて組織を活性化させるというのはある。

具体的に梁山泊における派閥を例に、派閥のあり方を考えてみよう。

梁山泊の派閥対立の最初は、晁蓋派と宋江派であろう。王倫を倒して晁蓋のもとで一枚岩の梁山泊に宋江が入山する。宋江は秦明、花栄、燕順ら青州の仲間を連れて来る。そして、江州騒乱ののち、戴宗、李俊らが加わる。いずれも宋江を慕って来た者たちで、秦明は官軍の将軍であり、李俊は江南の闇塩のかなり大きなグループを統括し、穆弘らの組織もまとめて入山している。

晁蓋と宋江は考え方も似ていて元から交流もあるが、大きな対立点もある。晁蓋があくまでも梁山泊周辺を視野においた叛徒であるのに対し、宋江の考え方は拡大してゆく組織の中で、対官軍を意識した革命軍に変貌してゆく。その中で、もともと晁蓋の懐刀だった呉用が梁山泊全体の軍師として、革命軍の組織運営に力点を置いてゆく。そして、晁蓋の死をもって、うまく宋江に移行したと言えよう。

もうひとつの派閥対立は、元官軍と元民間。元民間には晁蓋派、とりわけ山東の住民だった阮三兄弟らの存在は大きい。おそらく好漢以外の兵士には山東の住民だった者が多いだろう。そのあとも梁山泊を頼って、多くの民間の義士や無頼が集まって来ている。

元官軍派閥は、関勝、呼延灼ら投降した将軍と、それに従う宣賛、韓滔ら、彼らに従う兵士もいる。彼らは訓練された兵士である。この対立は、人事編成で官軍出身の将軍たちとその兵士たちが戦闘の主力の騎兵を担うことで元官軍派を優遇、ある程度は解消された。

そして、最後の派閥対立は、帰順派と反帰順派である。元官軍派はそのまま帰順派になった。一方、宋江親派の武松、李逵、李俊らが反帰順派である。結果としては、宋江の意思に従い、梁山泊は帰順するのであるが、その間に、反帰順派の意見も影響を与えているし、帰順派であっても官軍のやり口から、すぐの帰順には「待った」を掛けている。

組織はいろんな人たちの集合体である。その調整役に人事は重要で、梁山泊では、呉用と裴宣による人事の力が発揮されていたと言えよう。


徽宗皇帝は宋江ら百八人と騎兵五百を城内に入れて行進させ、これを自らが閲兵《えっぺい》し、その後、宮殿で宋江と会おうと言う。命令を受けた宋江は、すぐに裴宣に行進の人選を任せた。翌日、宋江らは城内を行進、閲兵した徽宗皇帝はおおいに喜んだ。宋江らには錦の着物が下賜され、宋江らは着替えて謁見し、そのあとは宴会となった。夕刻にはお開きとなり、宋江らは城外の宿営に下がった。翌日は、宋江らは徽宗皇帝から官位の授受を約束された。

だが、翌日、皇帝の使者が宿営に来て、梁山泊は軍を解散し、それぞれが故郷へ帰るようにとの命令が出される。これは役人たちが決めたことだった。好漢たちは話が違うと怒り出したが、宋江は一同を抑えて、自分たちは国家のために働きたいので、考え直すよう皇帝に伝えて欲しいと頼んだ。

役人は宋江の言葉をそのまま徽宗皇帝に伝えた。すると童貫が、宋江らは国家の命令など聞く気はないから、まず百八人を宮殿に招いて殺し、残りは解散させればよいと言う。そうしなければ、彼らはまた国家に災いを残すと。徽宗皇帝が黙っていると、一人の大臣が衝立《ついたて》の陰から怒鳴った。「またも不要な内乱を起こさせる気ですか」

八十三――宋江、陳橋駅《ちんきょうえき》で泣いて兵士を斬る

衝立の陰から出て来たのは、宿元景だった。

その頃、隣国の遼が北の国境を脅かしていた。河北、河南の各州は援軍要請の上奏文を送ったが、保身に走る童貫が握り潰していた。そして、近隣の州からの徴兵を増やし増兵に当てたが、ますます庶民の不満はつのった。

宿元景は徽宗皇帝に、遼が十万の兵で国境に迫っている事実を告げた。徽宗皇帝は驚いた。宿元景は宋江らを解散させず、遼を討伐させてはどうかと進言する。徽宗皇帝は自ら筆を取り、宋江を破遼先鋒使《はりょうせんぽうし》に任じ、遼討伐ののち諸将に官位を与えることを約束した。

宿元景が宋江に命令を伝えると、宋江は喜んだ。国家の軍隊として働くため自分たちは帰順したのだ。宋江、呉用、公孫勝、阮三兄弟らは一万の兵とともに一度梁山泊に戻り、残してきた家族たちを故郷へ戻るよう手配し、公孫勝が戦勝を祈願し、その後、梁山泊を壊した。他の

者は、盧俊義が指揮し開封城外に残り、遠征の用意をした。

宋江が梁山泊より戻ると、徽宗皇帝はおおいに喜び、宋江を宮殿に呼び、言葉を掛け、宝刀を下賜した。加えて、陳橋駅にて、旧梁山泊のすべての兵士に酒と肉を下賜するよう命じた。

宋江らは陳橋駅に進軍し、酒と肉を賜った。ところが、李袞と項充の部隊の兵が、酒と肉の量が聞いていたものの半分程度しかないことに気づいた。これはおかしい。「もしや役人がちょろまかしたのでは」と、兵士は役人に詰め寄った。役人は「本来なら死罪になる罪人の分際め」と怒鳴ったため、兵士は怒り剣を抜き、役人の首を落とした。李袞と項充はことの次第を宋江に知らせた。宋江は驚いた。呉用はすぐに、戴宗と燕青を宿元景のもとへ走らせ、事情を説明し、穏便な処置を願った。

宋江は兵士に会った。兵士は役人に「罪人の分際」と言われカッとなって斬ったと言い、「この上は私の首を斬ってください」と頭を下げた。宋江は梁山泊なら兵士を処断することはなかったが、今は国家の軍隊であるから勘弁してくれと言った。そして、兵士に酒をふるまい、兵士に首を吊らせたあと、首を刎ねた。

翌日、斬られた役人の上司が、すぐに徽宗皇帝にことの次第を告げた。だが、皇帝は役人を怒った。すでに、宿元景を通じて役人の不正が伝わっていたのだ。それでも部下を斬られた役人は抗議した。皇帝はすでに宋江が兵士を処断していることから、宋江は遼討伐ののち、この罪科を功績から差し引く、と言われた。

宋江は陳橋駅で皇帝の裁可を待ったのち、兵士をねんごろに弔い、その墓の前で涙した。

そして、北へと旅立った。

［ノート45］コンプライアンス

法令順守。当然のことと言ったらそれまでだが、組織が小さいうちは、社会的には許されなくても、社内的には許されることもあったりする。それは組織が家族的だったりすることにもよる。組織の者が経営者も従業員も仲間、みたいな。

講談の「大岡政談《おおおかせいだん》」のようなことは、世の中にはままある。法律と正義が異なる場合、正義を優先する。人情で、多少の法律違反は目をつぶる、みたいなことはないとは言わない。

だが、組織が大きくなれば、それが許されなくなる。人情よりも正義よりも、法律が優先する。何故なら、正義の定義は個人によって異なるから。法律はおそらく正義の最大公約数で作られている。そして、個人の法令違反が、組織の責任となるかもしれないからだ。

悪徳役人を斬った兵士は、梁山泊ならば賞賛された。国家の軍隊となった以上、宋江は泣いて兵士を処断した。呉用は組織だから仕方がないと思った。呼延灼や関勝ら元官軍や、裴宣のような元役人は組織の規律を知っている。だが、魯智深や李逵、李俊ら多くの旧梁山泊は帰順したことに疑問を感じたはずだ。叛徒から官軍になったこともだが、組織が大きくなったことで、さまざまな制約が生まれるのも組織なのである。

さて、ここからは、遼との戦い、それに続くのは、河北、淮西の叛乱軍、そのあとはいよいよ、江南は方臘の乱の鎮圧と話は進む。基本、戦闘が続くので、宋江軍の動きを中心に話を簡潔に進めたい。

宋江らは檀州《たんしゅう》を攻めた。関勝、董平、張清らが野戦で敵将を討ち取り、檀州城は、李逵、樊瑞、李衮、項充らの歩兵が攻め、李俊ら水軍も水門から突入、檀州城は陥落した。

八十四――宋江、薊州を攻める

檀州陥落を聞いた徽宗皇帝はおおいに喜び、趙という将軍に近衛軍二万をつけて応援に出した。宋江らは趙将軍を迎え、趙将軍に檀州を任せて、次の薊州へ軍を進めた。薊州はもともと宋国で、公孫勝や楊雄の故郷でもある。

宋江と盧俊義は軍を二手に分けて、薊州に進んだ。盧俊義軍は苦戦をするも、宋江軍と合流。

薊州城は守りを固めていたが、石秀と時遷が城内に潜入し攪乱したため陥落した。宋江は趙将軍を薊州に呼ぶ。

八十五――宋江、遼の招安を打診される

遼の官僚、欧陽侍郎《おうようじろう》は宋江らに遼の官位を与えて帰順させようと上申する。すぐに認められ、欧陽侍郎が薊州へ赴く。

呉用は「兄貴の御心に背くのはわかっているが」と前置きし、蔡京や童貫が牛耳る宋国ではいくら手柄を立てても高い官位はもらえない。なら、いっそ遼に就くほうが得策だと言う。宋江は「たとえ国が私に背いても、私は国に背かない。それが忠義だ」と言う。

翌日、宋江は公孫勝らとともに、公孫勝の師匠、羅真人を訪ねる。羅真人は、宋江の忠義を称えるものの、その志はまっとうされない、しかし、死後は神として祀られると言う。そして、凱旋ののちは公孫勝を山に戻して欲しいと言う。宋江は約束する。李逵も羅真人と再会し昔話に花が咲く。

宋江らは一ヶ月、薊州に滞在。趙将軍より軍を進めよとの命令が届く。同じ頃、ふたたび欧

陽侍郎が遼への帰順の返事を聞きに来る。宋江は呉用の計略で、自らは遼への帰順の意思はあるが、盧俊義らが反対し、もしも宋江が遼への帰順の意思を示せば、盧俊義との戦いになる。それを避けたいので、どこかに隠れさせて欲しいと言う。欧陽侍郎は山に囲まれた覇州《はしゅう》に隠れればいいと言う。

宋江は、林冲、花栄、朱仝ら十五人で覇州に入った。宋江はあとから呉用が追って来ると告げた。途中の関所で呉用が来たので門を開けたら、坊主と行者が付いてきた。魯智深と武松で門をくぐると大暴れし、関所をぶち壊した。そのあとを盧俊義が軍を率いて進む。宋江らは呉用の到着を待ち、盧俊義軍を迎え撃つふりをし反転、覇州は陥落した。

八十六——盧俊義、青石峪で苦戦する

宋江軍は幽州《ゆうしゅう》を攻めるが、後陣の盧俊義が遅れ、青石峪《せいせきよく》というところへ迷いこんだ。盧俊義軍は苦戦し、兵は疲労困憊する。宋江軍は解珍、解宝が盧俊義軍を探し、ようやく合流。傷を負った盧俊義ら十三人は薊州に退く。

宋江軍は幽州城へ。遼の賀重宝《がちょうほう》将軍は伏兵で罠を仕掛けたが、呉用に見破られ、伏兵は関

勝と呼延灼に掃討され、賀重宝は石秀、楊雄、黄信らに討たれ、幽州は陥落した。

八十七――呼延灼、遼将を捕らえる

遼軍は、兀顔光《こつがんこう》将軍らが幽州奪還に動いた。兀顔光の息子、兀顔延寿《こつがんえんじゅ》が二千の精兵で攻めて来た。宋江は城外十里に九宮八卦の陣を敷き迎え撃つ。兀顔延寿と朱武の陣形戦は、朱武の陣形をあなどり突入して来た兀顔延寿を呼延灼が捕らえた。

趙将軍と李俊ら水軍、傷の癒えた盧俊義らも幽州に着いた。兀顔光は遼の十一将軍と三万八千の軍で迎え撃つ。

八十八――宋江、九天玄女より法を授かる

兀顔光は太乙混天《たいいつこんてん》象《しょう》の陣を敷く。朱武によると、この陣は無限に変化し、簡単には攻められない無敵の陣。この陣を攻め崩す術はないという。

呉用や盧俊義が策をもって攻めるが遼軍の陣は破れず、李逵が捕らわれ、杜遷、宋万が負傷する。宋江は李逵と兀顔延寿の捕虜交換を行い、李逵は無事に戻る。

宋江の苦戦を知った趙将軍は、開封に援軍を要請する。王文斌《おうぶんひん》将軍が兵一万と応援に来て前戦に出るが、陣形もわからないのに、面目のためわかったふりをして突撃し、すぐに討ち死にしてしまう。

太乙混天象の陣

「ノート46」好奇心を捨てるな

ベテランで実践経験も豊富、専門知識もある。なのに、得意分野で知らないことに遭遇したらどうするか。部下や後輩の手前、知らないとは言えない。

いや、知らないことは知らないと言わなきゃ駄目だ。「えっ、そんなことも知らないんですか」と言われるかもしれない。だがね、世の中は進んでいる。新しいものもどんどん出て来る。ベテランで実践経験も豊富、専門知識もあったって、知らないことはあるんだよ。ある意味、しょうがないんだ。

ようは自分自身の問題。その場で知ったかぶりをしてプライドを取り繕うか。知らないことは人に聞いたり調べたりして、新たな知識として吸収するか。新しいことを知るっていうのは、面白いことだと思う。知ったかぶりして失敗すると取り返しがつかない。信用を失墜する。年齢に関係なく、好奇心は捨てないほうがよくないか。

度々の敗戦に気落ちする宋江の夢枕に、九天玄女が現われた。九天玄女は太乙混天象の陣を破る術を宋江に授ける。

八十九——宋江、陣を破って遼を討つ

宋江はすぐに呉用と話し合い、九天玄女より授かった陣形を敷く。人にはそれぞれ持って生まれた「星」があって、星によって強弱がある。土星は水星に強く、金星は木星に強く、火星

は金星に強い。九天玄女の陣形とは、太乙混天象の陣を守る将軍の宿星に強い宿星を持つ者を当たらせるもので、遼の水星の陣には土星を宿星とする董平、朱仝、史進ら、木星の陣には金星の林冲、徐寧、穆弘ら、金星の陣には火星の秦明、劉唐、雷横ら、火星の陣には水星の呼延灼、楊志、索超ら、土星には木星の関勝、花栄、張清らが当たった。宋江らは太乙混天象の陣を破り、兀顔光は追い詰められ、関勝、花栄、張清が三人がかりで討ち取った。

遼の国王は燕京《えんきょう》に逃げ込み、城門を閉ざした。遼王は投降を決め、宰相の褚堅《ちょけん》を使者とし、宋江の陣へ送った。褚堅は趙将軍と会い、金銀財宝を積み、開封へ向かった。

褚堅は蔡京、童貫らに賄賂を贈りとりなしを頼み、徽宗皇帝は遼の降伏を認めた。遼への使者は宿元景が任じられた。

燕京に着いた宿元景は宋江らに開封に戻るよう命じる。蔡京らは遼の降伏を自分たちの手柄にし、宋江らの手柄はなかったことにするつもりだが、宿元景は「それは私が許さない」と約束する。燕京の城へ行く宿元景には、関勝、呼延灼、秦明、花栄、董平、柴進、李応、林冲、呂方、郭盛が供に就いた。

宋江は捕虜とした遼の将兵を解放し、宿元景とともに開封に旅立った。

途中、魯智深が五台山に寄りたいと言い、宋江も智真老師に会いたいと思い、軍の指揮を盧俊義に任せ、呉用、蕭譲、金大堅、皇甫端、楽和とともに、五台山に上った。

九十——宋江、五台山に参禅する

宋江、魯智深は五台山で智真老師と会った。智真は魯智深と会うのはこれが最後になると言い、詩を贈ったが、魯智深にも宋江、呉用らにも意味はわからなかった。

五台山を発ち数日行くと、双林鎮《そうりんちん》という街で、燕青は旧知の許貫忠《きょかんちゅう》という者と会った。宋江は許貫忠に仲間にならないかと誘うが、許貫中は断わる。許貫忠は絵を燕青に贈る。

開封では宿元景が約束通り段取りをし、宋江らは徽宗皇帝に謁見する。宋江らは鎧と馬を下賜されるが、官位は蔡京に阻まれる。宋江らは陳橋駅の宿営でしばらく過ごした。

ある日、戴宗と石秀は散歩に出て、適当な居酒屋に入った。

九十一——盧俊義、一日で二城を落とす

戴宗と石秀は、河北の田虎謀叛の話を聞き、宋江に田虎を討伐しようと提案する。宋江が宿元景に相談すると、宿元景は喜んだ。宿元景は徽宗皇帝に進言、徽宗皇帝はすぐに宋江と盧俊

義を呼び、田虎討伐を命じた。

田虎は河北の威勝《いしょう》の猟師で、ただの悪党だったのが、腐敗した役所と軍には取り締まることが出来ない、というか取り締まる気もないのを幸い、官に苦しめられていた領民を扇動し叛徒となり、たちまち河北の五州を手中に収めた。

宋江らは河北に向かう。衛州《えいしゅう》に入った宋江らは、役人たちに歓迎される。というのも田虎軍の鈕文忠《ちゅうぶんちゅう》が衛州に侵攻して来ていた。宋江はすぐに援軍に行こうと言うが、呉用は蓋州《がいしゅう》の陵川《りょうせん》が堅固な要塞だから、先に陵川を攻め落として田虎軍の士気を挫いたほうがいいと言う。宋江は陵川攻めを盧俊義率いる一万の騎兵に任せる。また、河北の地理がわからないのが不安だが、燕青が許貫忠にもらった絵を出した。なんとそれは河北の地図だった。

盧俊義はすぐに蓋州の要塞、陵川を落とした。守将は花栄の弓に倒れ、魯智深、李逵らが城内へ暴れこみ、副将の耿恭《こうきょう》は投降した。高平《こうへい》の砦は耿恭の手引きで、あっさり陥落した。盧俊義は一日で二つの城を落とした。

衛州城外で知らせを受けた宋江は大喜び、衛州に侵攻していた田虎軍も退却した。

衛州を田虎軍に取られると宋国からの兵站が断たれるので、関勝、呼延灼、公孫勝と五千の兵が守備に当たった。李俊ら水軍も衛州に集まった。陵川は柴進と李応、高平は史進と穆弘が守備に当たった。張清が体調が優れぬと言い、高平にとどまり、安道全も残った。

九十二――花栄、蓋州に戦う

宋江は軍を五隊に分けて蓋州に進む。野戦では花栄が弓で三将を倒した。だが、大軍で蓋州城を包囲してもなかなか落ちなかった。そこで、石秀と時遷が城内に潜入し火をつけ、蓋州は落ちた。守将の元盗賊の鈕文忠は単騎で逃げた。

九十三――李逵、夢で母に会う

鈕文忠は逃げる途中、魯智深と遇い、禅杖で頭を叩き割られた。

宋江らは蓋州で、宣和五年（一一二三）の正月を迎えた。体調が回復した張清と安道全が合流した。立春の日は宴会が行われ、李逵はうたた寝をして、徽宗皇帝に会い、皇帝の前で蔡京らを叩き殺し、その後、死んだ母に会う夢を見た。李逵の夢の話を聞き、宋江は喜んだ。

九十四――関勝、義をもって三将を降す

宋江は盧俊義と軍を二手に分けて進む。蓋州には、花栄、董平らが守備で残った。宋江らは壺関《こかん》を攻め、耿恭が案内し、林冲、張清が活躍し勝利するが、守将の山士奇《さんしき》は一万の兵と門を閉ざして関に籠り、そこへ唐斌《とうひん》率いる精兵が援軍に来た。ところが、唐斌と部下の文仲容《ぶんちゅうよう》、崔埜《さいや》の三人は、すでに関勝に投降した宋軍の味方、山士奇をあざむき、関を陥落させた。山士奇は逃げた。

宋江らは蓋州の昭徳《しょうとく》城を攻める。耿恭、唐斌の一万、索超、張清の一万が先鋒となるが、その前に田虎軍から、妖術使いの喬冽《きょうれつ》が二万を率いて援軍に来た。

九十五――喬冽、術で宋軍を破る

喬冽は術で唐斌軍を壊滅させ、李逵らを捕らえる。さらには、魯智深、武松、劉唐が捕らわれ、宋江、林冲、徐寧、索超、張清らも絶体絶命のところへ追い込まれるが、あわやのところ

で土地神に助けられる。喬冽と樊瑞の妖術戦も、喬冽の圧勝だった。

九十六――公孫勝、術をもって喬冽を降す

公孫勝が駆けつけて、激しい妖術戦のすえ、喬冽を破る。公孫勝は、羅真人から喬冽のことを聞いていて、かなりの妖術使いで、道を正してやれば必ず役に立つと言われたので彼を捕らえて仲間にしたいと言い、魏定国、単廷珪と一万の兵を率いて、喬冽を追った。喬冽は百谷《ひゃっこく》嶺《れい》という深い山に隠れた。林冲ら五千も援軍に行った。

一方、宋江らは昭徳の城を包囲した。

九十七――瓊英《けいえい》、礫投げを得意とし先鋒となる

喬冽を頼みとしていた昭徳城は降伏し、魯智深、武松、劉唐、李逵、唐斌らは助け出される。戴宗が来て、盧俊義軍が晋寧《しんねい》を陥落させたことを報告する。しかも投降した孫安《そんあん》は喬冽と同郷、

孫安の説得で喬冽も宋江軍に投降する。

宋江は、昭徳、晋寧の陥落の報告書を作り、戴宗を開封に走らせる。開封では、蔡京と童貫が、宋江が負け戦で多くの将兵を失ったので責任を糾弾する上申書を出したところだった。そこへ戴宗が報告書を持って来た。宿元景は参内し、確かな者を軍監として派遣するよう上申し、陳将軍が兵二万と河北へ向かった。

一方、田虎は負け続きの上、喬冽、孫安らが宋に降ったと聞き、落胆する。そこへもともと威勝の富豪で田虎を後援していた国舅《こくきゅう》の鄔梨《うり》が、娘の瓊英を将軍として派遣して欲しいと言う。瓊英は十六歳の少女だが、神から礫投げの術を伝授され百発百中の腕だという。

九十八――張清、縁をもって瓊英を娶る

瓊英は威勝の資産家、仇申《きゅうしん》の娘だったが、両親は盗賊に殺され、番頭の葉清《しょうせい》が後見となった。やがて田虎が叛乱を起こし、兵たちが略奪を行う中、鄔梨が瓊英を養女とした。ゆくゆくは田虎に差し出して出世の伝手にしようというのだ。葉清は瓊英を守るため鄔梨軍の兵士となった。そして、葉清は仇申夫妻を殺した盗賊が田虎であることを知った。

葉清から話を聞いた瓊英は泣き暮らしていたが、いつか田虎に復讐をしようと誓った。と、昨年の冬、夢に若い武芸者が現われて、石礫投げの術を教えてくれた。

一方、昭徳に軍監の陳将軍が到着する。陳将軍は、蓋州、衛州の各城には守備兵を配備すると言うので、宋江は戴宗を走らせ、関勝、呼延灼らを呼んだ。

宋江は北の襄垣《じょうえん》へ進むが、瓊英率いる軍が立ちふさがり、魯智深と李逵は行方不明、解珍、解宝は捕らわれ、王英、扈三娘は傷を負った。夜、葉清が宋江を訪ねて来て、瓊英の生い立ちを語った。すると、安道全が進み出る。実は張清が体調を崩して戦線離脱したのは、夢である少女に礫投げを教え、そのために少女に恋煩いをしたということらしい。

呉用は戦いが長引けば、田虎は金国（女真族の国）と同盟を結んで援軍を呼ぶかもしれない、そうなっては面倒なので、策をもって短期に決着をつけようと言う。

すぐに、張清、安道全、葉清が襄垣へ行く。張清は全羽《ぜんう》と偽名を名乗り、田虎軍に味方する武芸者と偽り、宋江軍を退けたので、鄔梨はすっかり信用する。葉清がすすめ、全羽こと張清と瓊英は結婚する。夜、張清と瓊英はお互いの真実を打ち明けて結ばれる。

安道全は鄔梨を毒殺、張清と瓊英は襄垣を制圧し、解珍、解宝を助け出す。宋江のもとには、索超と徐寧らが潞城《ろじょう》を陥落させたとの知らせが来る。

九十九——魯智深、井戸に落ちて馬霊《ばれい》を捕らえる

葉清は鄔梨の偽手紙を田虎に届け、全羽を将軍にして昭徳を攻撃せよとの命令をとりつける。

蓋州では山士奇が投降した。

盧俊義軍は汾陽《ふんよう》を落とした。

ところが妖術使いの馬霊が援軍に来て、雷横、楊雄、石秀、鄭天寿らが傷を負わされた。そこへ、公孫勝と喬冽が援軍に来て、妖術戦で馬霊を倒す。馬霊は神行歩で逃げる。戴宗が追うが、馬霊のほうが速い。だが、森の中で魯智深が馬霊を捕らえていた。魯智深は瓊英の礫を避けて逃げる途中で誤って井戸に落ち、

公孫勝、馬霊を倒す

気がついたら汾陽の森の中にいたという。馬霊は投降し、戴宗と一緒に盧俊義軍の勝利の報告に昭徳の宋江のもとへ走った。

一方、田虎は、宰相の卞祥《べんしょう》に三万の兵で盧俊義軍に当たらせ、将軍の房学度《ぼうがくど》に三万の兵で関勝軍に当たらせ、自らは十万を率いて昭徳へ向かった。

関勝軍は破竹の勢いで田虎軍の城を落としていった。盧俊義軍は太原府《だいげんふ》の城を前に長雨で身動きがとれなかった。そこへ、李俊、阮三兄弟、張兄弟が水軍二千とやって来た。

百――張清と瓊英、力をあわせて田虎を捕らえる

李俊らは黄河の堤防を崩し、太原府を水攻めにした。二千人以上の敵兵が溺死した。守将は悪辣な元盗賊だったので打ち首にした。

田虎は大軍を頼り、一気に宋江の本陣を攻めたが、盧俊義軍、関勝軍が援軍に駆けつけた。田虎は退却したが、後方から、魯智深、劉唐、李逵らが率いる歩兵、孫安、馬霊ら投降軍が斬り込み、十万の兵が粉砕された。田虎は全羽が守る襄垣の城に逃げ込んだ。だが、守兵は全員、宋軍の兵士と入れ替わっていた。田虎は張清が捕らえた。

瓊英は解珍、解宝ら五百を率いて威勝に行き、田虎の弟、田豹《でんひょう》、田彪《でんひゅう》を捕らえた。田定《でんてい》は自害した。卞祥は投降した。数日して、陳将軍が威勝に来て、宋江らをねぎらった。瓊英は石室山《しつざん》に母の遺骸を探しに行き埋葬した。戴宗は一足早く開封に勝利を伝えた。田虎、田豹、田彪は開封に護送された。

百一――王慶《おうけい》、浮気女の色香に迷う

羅戩《らせん》という役人が、徽宗皇帝に淮西の王慶が叛乱を起こした話をした。これも蔡京が徽宗皇帝の耳に入らぬようにしていたのだ。徽宗皇帝は激怒したが、亳州《はくしゅう》の知事の侯蒙《こうもう》が宋江に王慶を討伐させてはと上申した。徽宗皇帝は喜んですぐに命令書を河北に送った。実は羅戩も侯蒙も蔡京の息の掛かった者で、宋江らに叛徒討伐をさせて弱らせる策略だった。

宋江らは威勝に留まり、宋江らを助けてくれた土地神の龍神廟の修復や、さまざまな残務を行い、張清、瓊英、葉清には田虎、田豹、田彪を開封に護送させた。そこへ、皇帝の使者として侯蒙がやって来た。宋江は王慶討伐を謹んで受けると、戴宗と馬霊を各地に駐屯している部隊へ走らせ、威勝に集めた。全員が集まると、大宴会を行い、翌日、南へと旅立った。

開封に護送された田虎、田豹、田彪は処刑され、張清、瓊英、葉清は宋江軍への合流を命じられた。

さて、王慶は何者か。もともと開封の正規軍の兵士だった。王慶は童貫の弟の娘で、蔡京の息子の許嫁、嬌秀《きょうしゅう》とわりない仲になったのを、童貫に知られてしまう。

百二――王慶、罪なく流罪になる

王慶は嬌秀と会えずむしゃくしゃして椅子を蹴ったら、自分でコケて脇腹を痛めた。膏薬屋に行ったところで、易者の李助《りじょ》と会う。王慶は占ってもらうに、災難ははじまったばかりで、これから大きな災難が起こるという。家に帰った王慶は、痛みで寝ているところを女房に起こされ、嬌秀との浮気でご無沙汰だったのでさんざんに責められる。

翌日は隊に呼び出され、無断欠勤を詰問され、鞭打ちの刑を食らう。夕べは女房、今日は隊長から鞭で打たれて、なるほどとんだ災難だと思っていると、上司を欺いた罪で流罪を言い渡される。童貫から王慶を懲らしめろという命令が下っていたのだ。流罪になったのは嬌秀の醜聞隠しだ。そして、王慶は西京《さいけい》の果て陝州《せんしゅう》に流罪人として旅立つ。

半月歩いて西京に近い北印山《ほくいんざん》に来て、王慶は一人の武芸者をぶちのめす。これが縁で龔端《きょうたん》、龔正《きょうせい》の兄弟と知り合う。

百三──張世開《ちょうせいかい》、義弟のために命を落とす

王慶は龔端、龔正と対立している黄達《こうたつ》をぶちのめす。やがて、陝州の牢城に着くと、牢役人の張世開から毎日のように棒打ちを食らう。なんと、北印山でぶちのめした武芸者が張世開の義弟、龐元《ほうげん》だった。このままでは殺されると王慶は、夜、張世開と龐元を殺して逃げる。王慶は従兄弟の范全《はんぜん》を頼る。范全は房州《ぼうしゅう》の郊外に家を持っていたので、王慶はかくまわれる。

百四──王慶、段三娘《だんさんじょう》の婿となる

王慶は近くの金持ちの段家で騒ぎを起こし、それが縁で段家の者たちと仲良くなる。中でも段家の娘、段三娘は王慶と勝負し、武芸の腕に惚れてしまう。

王慶の隠れ家に李助が訪ねて来る。李助は段家の食客で、王慶に段三娘への婿入りをすすめに来た。王慶は段三娘の婿となる。王慶は懲役囚で女に飢えていたし、段三娘は生娘でなく男の弱点を知っていたので、二人の初夜は燃え上がる。王慶と段三娘がくんずほぐれつの最中、なんと王慶に恨みを晴らそうと行方を追っていた黄達が役人とともに王慶を捕らえに来るという報が入った。婿が脱獄囚と知りあわてる段家の者たちに、李助が「助かりたければ私の言うことを聞きなさい」と、知り合いの房山《ぼうざん》の叛徒、廖立《りょうりつ》を頼ろうと言う。王慶と段家の者たちは房山へ行く。追って来た黄達は王慶らに斬られた。

百五――宋江、暑さで兵を休める

王慶は廖立を倒し、房山を奪い、追っ手を蹴散らした。房州の知事、張顧行《ちょうここう》は胡有為《こゆうい》将軍に房山討伐を命じるが、胡有為は日頃から兵たちに給料を払わず私腹を肥やしていた。あわてて給料を出したが、各隊の隊長や主計がピンハネし、兵の不満は爆発、暴動を起こし、胡有為と張顧行を殺し王慶に従った。他にも、無頼や地方軍の兵士が王慶のもとに集まった。王慶は李助を軍師と頼み、六つの州を制圧し、王となった。段家の者たちは将軍となり、龔端、龔正も官僚となった。

宋江軍は王慶討伐の命令を受け、二十万を率いて南下していたが、黄河を渡ったところで、王慶軍に攻められている魯州、襄州へ救援に行くよう命じられる。宋江軍が行くと、王慶軍は退いた。ここで、張清、瓊英、葉清が合流した。

二十万の軍を動かすのであるから、ちょっとやそっとのことでは難しく、城外に宿営するだけでもタイヘンなことである。しかも季節は夏で、暑さで兵士の疲労がつのっていた。宋江は森の中に宿営を考えたが、呉用は敵の火攻めを警戒し野営を提案、しかし、日陰のない場所にはいられるものではなかった。公孫勝が術で涼風を吹かせ、兵たちは木陰を探し休むことが出来た。呉用の予測通り、宛州《えんしゅう》の劉敏《りゅうびん》は火攻めで二十万を壊滅させようと出て来た。宋江は張清、瓊英に一万、孫安、卞祥に一万を伏兵で配備、劉敏が火をつけると、喬冽が逆風を起こした。劉敏軍は逆に火達磨になり、伏兵に殲滅された。援軍二万は林冲三万が、別の援軍も関勝三万が壊滅させた。張清が旧田虎軍五万と攻め宛州を落とした。

宋江らは暑さも鎮まった頃に軍を西に進める。宛州には陳将軍が入り、林冲、花栄、宣賛、郝思文ら五万と蕭譲ら兵站担当を残し、兵站の基地とした。

百六――蕭譲、策をもって敵を退ける

宋江らは秦明ら五万を先鋒に関洛《かんらく》の要塞を攻めるが容易に落ちず、糜貹《びせい》という斧使いに、文仲容、崔埜が討たれる。糜貹は段二《だんに》（段家の長男）が守将の山南《さんなん》へ逃げる。

宋江軍は宛州を基地に、李俊らが兵糧船を使って前線の兵站を担っていた。糜貹は宛州を取り宋江らの兵站線を断つ作戦に出る。糜貹が二万で宛州を攻めるのを林冲、花栄三万が迎撃に出るが、手薄になった城に別働隊三万が攻め込む。城には陳将軍と弱兵一万がいるだけ。しかし、蕭譲が奇策で王慶軍を退ける。

宋江軍が撤退をはじめたので、段二は宛州が落ちたと思い、宋軍の兵糧船を襲ってぶん捕り城内に入れた。船には、魯智深、武松、李逵、鮑旭ら五千の歩兵が隠れていて城内で暴れ、山南は落ち、王定六が段二を捕らえる。

山南の守備に、史進、穆弘ら二万を残し、盧俊義は、喬冽、孫安ら五万を率いて西京へ、宋江らは荊南《けいなん》へ軍を進めた。

百七――宋江、紀山《きざん》に戦う

その頃、王慶の本拠、南豊《なんぼう》では、王慶と段三娘が夫婦喧嘩の最中。王慶の浮気三昧が原因。宋江のことを話しに来た李助も待たされる。

要塞、紀山には李助の甥、李懐《りかい》が袁朗《えんろう》ら腕の立つ将軍ら三万で守り、秦明らの攻撃を退ける。李懐らが攻撃に出たすきに、魯智深、李逵ら歩兵は山中から要塞に乱入、李懐軍は宋江軍と魯智深らの挟撃を受け壊滅、袁朗は大砲の弾丸が当たって死ぬ。

一方、盧俊義軍は、朱武と王慶軍守将の奚勝《けいしょう》と陣形戦になる。

百八――柴進、罠を仕掛けて敵将を撃つ

馬霊が術で奚勝の陣を崩し、敗れて逃げる奚勝を、楊志、孫安、卞祥が追うが、谷に迷い込んだところで谷の入口を塞がれ閉じ込められる。追い詰められた楊志らだが、探しに来た解珍、解宝に助けられる。

一方、盧俊義軍は竜門関を破る。進軍する盧俊義軍は、妖術使いに阻まれ二万の兵が危うい時に、燕青が川に橋を架けていて逃げ道を作っていたので助かる。だが、卞祥が火達磨になり死んだ。すぐに喬冽が呼ばれ、妖術使いを倒す。さらに、喬冽が術で助けて西京を落とす。

宋江が病に倒れたとの報告を受けた盧俊義は、喬冽、馬霊に西京を任せて、荊南へ行く。宋江は安道全の治療で癒えていた。縻貹が唐斌を殺し、蕭譲、裴宣、金大堅を捕らえた。荊南の守将は蕭譲、裴宣、金大堅に過酷な拷問を加えたが、蕭譲らは屈しなかった。

荊南の住民の一人、蕭嘉穂《しょうかすい》は、宋江軍が来たのを幸い、王慶の圧政に苦しんでいた住民たちを先導し荊南を落とし、宋江軍を招き入れる。蕭譲、裴宣、金大堅は助けられた。

宋江は蕭嘉穂を宋国の役人に推挙したいと言うが、蕭嘉穂は丁寧に断わって去る。

宋江はしばらく荊南で休養、やがて、陳将軍、史進、穆弘らが合流したので、陳将軍に残務を任せ、二十万の兵で南豊へ向かった。王慶も南豊に十万以上の兵を集めている。兵站は柴進、李応ら五千の車輛部隊が担う。縻貹は一万で車輛部隊を襲って来た。そこに伏兵が大砲と火矢で集中攻撃をかけた。縻貹は大砲で撃たれ死んだ。

百九――王慶、江を渡って捕らわれる

王慶と李助は軍を率いて南豊を出て来たが、宋江軍の布陣の前になす術もなかった。退こうとした王慶軍に、後方にまわっていた盧俊義、楊雄、石秀らが斬り込む。十万の敵兵の半分は斬り殺され、三万は投降し、残りは逃げた。李助は盧俊義に討たれた。

宋江軍は南豊に攻め込み、范全は戦死、段三娘は瓊英の礫で倒され捕らわれた。

王慶は清江《せいこう》を渡って逃げるが、漁師に化けていた李俊、童威、童猛に捕らわれる。

百十――燕青、秋林渡《しゅうりんと》に雁を射る

残る王慶軍の城、東川《とうせん》、安徳《あんとく》は、投降した胡俊《こしゅん》の説得で降伏した。

陳将軍はじめ、各地の守備に就いていた好漢たちが南豊に集まる。段三娘はじめ捕らわれた将軍は南豊で処刑された。公孫勝と喬冽は戦いで死んだ味方の兵の法要を行った。

孫安が病で死んだ。喬冽と馬霊は宋江軍を去った。宋江は蕭譲、金大堅に戦勝の碑を作らせ

た。兵士たちは淮西の守備隊に配属される者や郷里に帰る者に分かれた。

宋江らは開封をめざした。途中、秋林渡というところで、燕青が雁を射て弓の手並みを見せていた。宋江は「雁は仁義を知る鳥で、いつも群れをなしている」と、雁が自分たち百八人と似ている、「我々の中の何人かを失ったら、どんなに悲しいことか」と言った。

宋江は詩を吟じ、一人になると、さらに悲しさがこみ上げてきた。

宋江らは陳橋駅に留まり、陳将軍らは参内した。凱旋の報を聞き、徽宗皇帝はおおいに喜び、すぐに陳将軍と、梁山泊を推挙した官僚の羅戩に官位を授けた。やがて宋江ら百八人も皇帝に拝謁した。童貫は宋江らに官位を与えることに難色を示し、とりあえず、宋江に保義郎《ほぎろう》、盧俊義に宣武郎《せんぶろう》という、なんの権限も役得もない武官の名誉職官位を授けることとなった。

王慶は開封に護送され、処刑された。

公孫勝は羅真人との約束があると、薊州に帰る。

元日が来た。蔡京は宋江ら百八人を皇帝が見れば、必ず官位を授けよと言い出すだろうから、百八人を参内出来ないよう工作した。それでも官位を得た宋江と盧俊義の参内を拒むことは出来ない。だが、宋江と盧俊義は列の後方に控えていただけで、言葉も掛けてはもらえなかった。

陳橋駅に戻り塞いでいる宋江に、李逵は「もう一度、梁山泊で叛乱を起こそう」と言う。

宋江は翌日、宿元景のところへ年始に行ったが、戻ると、宋江軍は勝手に城内に入ることを禁じるとの命令が出されていた。

［ノート47］論功行賞

手柄を立てれば、相応の地位なりボーナスなりを出すのは当たり前だろう。出世や金銭だけが仕事の目的ではない、かもしれないが、成果がどう評価されるかは、その後のやる気にも繋がる。評価を数値化したのがボーナスや昇給などであり、さらに名誉欲をくすぐるのが昇進ということだろう。「俺はお前のことがわかっているからね」と声を掛けたり、目で知らせたりすればいいのかもしれない。ささやかな宴会で慰労するのもいいが、それは小さな組織でのことで、大きな組織になればなるほど、対外的評価が必要になる。つまり目に見える形の評価で、それが昇進や表彰ということになるのだろう。そして、数字も重要になってくる。

李俊らも、この仕打ちには我慢がならず、呉用に梁山泊へ帰ろうと言う。宋江は全員を集め、国家への忠誠が大事なのであって、官位が欲しいわけではないと言う。そして、もし梁山泊へ帰りたいなら自分の首を斬ってから行けと言うので、一同はただ涙する。

元宵節も、宋江らは城内に入ることは禁じられていた。燕青と楽和は禁を破って灯籠見物に行く。李逵もついて来た。そこで江南で起きている方臘の叛乱の噂を聞く。

燕青は宋江に方臘討伐に行こうと提案、翌日、宋江は宿元景を訪ねる。宿元景が上申すると、徽宗皇帝はおおいに喜び、すぐに方臘討伐の命令が下った。ただし、金大堅と皇甫端は開封に残るよう命じられる。

瓊英が妊娠し、葉清とともに残ることになり、さらには、蕭譲が蔡京の祐筆に、楽和が王大臣のもとに仕えることとなる。

さて、方臘とは何者か。もとは歙州《きゅうしゅう》の樵夫《きこり》、水に映った自分の姿が皇帝の衣をまとっていたところから、皇帝になるのが己の運命だと感じた。おりしも江南は花石綱（徽宗皇帝が趣味で集めている庭石）で民が苦しめられていた。方臘の呼び掛けに人々は賛同し集まり、たちどころに江南八州を落としてしまった。

江南は揚子江を渡っての戦いである。

百十一――張順、泳いで金山寺《きんざんじ》に渡る

宋江は、柴進、張順、石秀、阮小七を偵察に出す。

柴進と張順は揚子江のほとりに来て、張順が金山寺まで泳いで渡るに、舟を見つける。舟は

宋国の揚州の陳という金持ちのもので、なんと揚子江の対岸、潤州《じゅんしゅう》にいる方臘軍の将軍に金銀や食糧を贈って取り入ろうというのだ。柴進と張順はすぐに宋江に報告。燕青、解珍、解宝が裏切りの陳一家を殲滅させると、李俊、張横、張順が陳家の船団になりすまし、李袞、項充ら歩兵が潜み、潤州へ渡り大暴れ。潤州は落ちた。宋江らは阮小二らの船団で潤州に渡るが、乱戦の中、陶宗旺、宋万、焦挺が命を落とした。宋江は三人の死に号泣する。

百十二——宋江、常州《じょうしゅう》に戦う

宋江らは方臘軍の城を次々に落とし、丹徒県《たんとけん》に来たところで、楊志が病に倒れ戦線離脱する。宋江ら四十二人は三万の兵を率いて常州へ、盧俊義ら四十七人は三万を率いて宣州《せんしゅう》へ進軍した。石秀、阮小七が偵察から戻り、江陰《こういん》、太倉《たいそう》など海沿いの州討伐のためには水軍が必要と言うので、李俊、石秀ら十人と水軍五千を水路に当たらせた。

宋江軍は、まず関勝が騎兵三千で毘陵《びりょう》に進んだ。激戦で、韓滔、彭玘が討たれ、関勝軍は敗走した。宋江は全軍を率いて常州を攻めた。李逵、鮑旭、李袞、項充率いる五百が先鋒で、常州の守兵をふるえ上がらせた。そして、城内の元宋国の役人、金節《きんせつ》が内通し、常州は落ちる。

一方、盧俊義も宣州を落とすが、鄭天寿、曹正、王定六を失う。

百十三――李俊、太湖《たいこ》で仲間を得る

宋江らは蘇州を攻める。そこへ李俊が江陰からやって来る。蘇州は水の都なので、太倉は阮三兄弟らに任せて、援軍に来たのだ。

李俊は太湖で、費保《ひほう》、倪雲《げいうん》、上青《じょうせい》、狄成《てきせい》と知り合う。費保らは宋にも方臘にも味方をする気はないが、李俊のために蘇州攻めを手伝うと言う。李俊は、李逵、鮑旭、李袞、項充ら二百を費保らの舟に隠し、輸送船団を装い蘇州城に入った。蘇州は落ちた。戦闘で宣賛が討ち死にした。

また、李俊らの代わりに阮三兄弟の援軍に行っていた孔亮と施恩が命を落としていた。

百十四――張順、湧金門《ようきんもん》で神となる

費保は李俊に、一緒に太湖でのんびり暮らそうと誘う。李俊は宋江を敬愛しているので方臘を倒すまでは宋江の力になりたいと言い、費保らと別れる。

秀州《しゅうしゅう》はすぐに投降する。守将はもともと宋国の役人だった。

柴進と燕青は、方臘の本拠に潜入すると出掛けてゆく。また、皇帝が病になり、安道全が開封に戻る。

宋江は杭州に軍を進める。秦明、花栄、徐寧、関勝らが奮戦するも、杭州城は堅固なのと、方臘軍も方《ほう》天定《てんてい》ら主力の将軍たちを配備し、徐寧が倒れ、郝思文が捕らわれた。

張順、湧金門に死す

安道全がいれば治る傷だが、徐寧は亡くなる。郝思文は処刑された。

張順は単身、西湖《さいこ》を泳いで渡り、水門を破ろうと考えたが、湧金門で発見され、矢玉を浴びて落命する。夜、張順の亡霊が宋江に別れを言いに来た。翌日、張順の死の報告を受けて宋江は落胆する。宋江らは西陵橋《せいりょうきょう》という場所に張順を祀った。

百十五――張順の魂、方天定を捕らえる

戴宗が来て、盧俊義軍が独松関《どくしょうかん》を落としてまもなく合流するという報が入る。だが、独松関の戦闘で、董平、張清、周通が亡くなっていた。また、湖州を攻めていた呼延灼軍も合流、湖州の戦闘では、雷横、龔旺を失っていた。

宋江らは全軍で杭州を攻める。索超、鄧飛、劉唐、鮑旭が討ち死に。だが、解珍、解宝が、方臘軍が近隣の村から兵糧を調達しているという情報をもたらす。呉用は、王英、扈三娘、張青、孫二娘、孫新、顧大嫂、鄒淵、鄒潤らを村人に化けさせ杭州城内へ。杭州は陥落。逃げる方天定はその場にいないはずの張横が捕らえるが、これは張横ではなく、張順の魂が張横に乗り移って捕らえたのだった。

百十六――宋江、烏龍嶺《うりゅうれい》に戦う

海沿いの州を攻めていた阮小七が戻る。戦いで張横が行方不明になり、侯健と段景住が溺死したと報告した。張横は我に返るが、弟の死に愕然としてしまう。

宋江ら三十六人は三万の兵を率いて睦州《ぼくしゅう》へ、盧俊義ら二十九人も三万を率いて歙州へ進軍した。また、杭州で疫病が起こり、張横、穆弘、孔明、朱貴、楊林、白勝が倒れ、杭州に残ることとなり、穆春と朱富も看病のため残った。

一方、柴進と燕青だが、柴進の生まれついての高貴な佇まいから睦州の役人はすっかり信用し、すぐに方臘の宮殿がある清渓《せいけい》に連れて行かれた。方臘は柴進を気に入り、すぐに側近に取り立てた。

宋江らは睦州に通じる烏龍嶺という難所に来る。下に長江の流れる険しい山で、まず李俊ら水軍千が進む。方臘軍は上流から火をつけた舟を流して来たので、阮小二と孟康が火達磨になって死ぬ。解珍、解宝が獣道を探しに行くが、足をふみはずし谷へ落ちて死ぬ。方臘軍は解珍、解宝の死骸をさらしものにし宋江を挑発した。

百十七——宋江、睦州城を落とす

烏龍嶺を守る石宝《せきほう》と鄧元覚《とうげんかく》は清渓に援軍を求めたが、方臘は拒んだ。

一方、宋江のもとへは、童貫が援軍にやって来た。燕順と馬麟が抜け道を見つけたので、烏龍嶺を童貫軍に任せて、宋江軍は抜け道を通って一気に睦州を攻めた。鄧元覚は花栄が弓で仕留めた。

あわてた方臘は、邪道の妖術使いの包道乙《ほうどういつ》に一万五千を率いさせて睦州に援軍を出した。斥候に出ていた王英、扈三娘が、敵の妖術使い鄭彪《ていひょう》に倒された。さらに鄭彪は妖術で宋江軍を黒雲で包んだ。しかし、邵俊《しょうしゅん》という書生が現われて宋江を助けた。邵俊は土地神の化身だった。独自に黒雲を破った魯智深と武松は鄭彪を追い詰めるが、包道乙の術で武松は左腕を失う。魯智深は夏侯成《かこうせい》という者と戦いながら深山に消える。鄭彪は李袞、項充を倒して逃げる。

宋江軍から樊瑞が出て、包道乙との妖術戦は樊瑞が勝ち、鄭彪は関勝に斬られ、包道乙は凌振の大砲で撃たれて木っ端微塵となる。宋江軍は睦州を落とす。

だが、烏龍嶺では石宝のために、燕順と馬麟が殺された。

百十八——宋江、清渓を落とす

関勝らは烏龍嶺を攻めた。石宝は関勝軍に主力を当てたところ、反対側から童貫軍の猛攻を受けた。あわてた石宝軍は山の上から石を落として童貫軍を阻んだが、童貫軍に従軍していた呂方と郭盛、郭盛が石に当たり、呂方は敵将と相討ちで谷に落ちて死んだ。童貫軍と関勝らが攻め登り、石宝は自害した。

一方、盧俊義軍は昱嶺関《いくれいかん》の戦いで、敵将龐万春《ほうまんしゅん》の弓で、史進、石秀、陳達、楊春、李忠、薛永を失うも、時遷の活躍で、関所は陥落する。盧俊義軍が歙州を攻めるが、またも龐万春の弓で、欧鵬を失い、乱戦で張青も戦死する。だが、反撃に出た龐万春軍は伏兵に襲われ、呼延灼に捕らわれる。伏兵を指揮していた丁得孫は草むらの中で毒蛇に嚙まれて死んでいた。

盧俊義軍は龐万春を処刑し、一気に歙州を落とす。城門の罠で魏定国、単廷珪、乱戦で、李雲と石勇が命を落とした。

宋江軍は方臘の本拠、清渓に迫る。方臘軍は方臘の甥、方杰《ほうけつ》が一万三千を率いて出て来た。李俊らは兵糧船を率いて清渓へ行き、投降を偽装した。兵糧に目がくらんだ方臘の部下は李俊らを城内に入れた。

宋江軍は清渓を攻めるが、方杰と部下の元鍛冶屋の杜微《とび》が連携で秦明を倒す。反撃に出る方臘軍だが、李俊らが城に火をつけ、さらには盧俊義軍が到着し、清渓に攻め込んだ。方臘と方杰らは逃げた。孫二娘と郁保四が杜微に倒され、乱戦で、李立、湯隆、蔡福が戦死。潜入していた阮小五も殺されていた。杜微は街にいる女のところに隠れていたが、見つけ出され惨殺された。

方臘らは幇源洞《ほうげんどう》という要塞に逃げ込んだ。

百十九——宋江、凱旋する

柴進は方臘の側近として、すっかり信用を得ていた。柴進が軍を率いて宋江軍を攻めるふりをして反転、一気に幇源洞になだれ込み、宋江軍もそれに続き、方臘軍は壊滅した。方杰は殺され、方臘は逃げた。

阮小七はふざけて、方臘の王衣を着ていたところ、童貫軍の王将軍に見つかり、王将軍は激怒する。阮小七が部下の槍で王将軍を刺そうとしたのを、呼延灼が止めた。

方臘は森の中を逃げたが、魯智深とばったり遇い捕らわれる。魯智深は山の中で夏侯成を討ち取ったあと道に迷っていたのだと言う。宋江は魯智深の手柄を褒めるが、魯智深はあまり関心がない。

　宋江らは睦州へ引き上げ、さらには杭州まで戻る。病と看病で残っていた八人のうち、張横、穆弘、孔明、朱貴、朱富、白勝は亡くなっていた。杭州の六和寺《ろくわじ》で、魯智深は悟りを開いて入滅する。左腕を失った武松は六和寺に残って、魯智深の菩提を弔うと言う。

　楊雄と時遷は病で死んだ。楊志が死んだとの報が入る。林冲は中風で倒れた。

　燕青は盧俊義に開封に行って官位をもらっても決していいことはないだろうから、二人して野に下ろうと言うが、盧俊義は開封へ凱旋すると言う。燕青はそっと盧俊義のもとを去る。李俊と、童威、童猛も宋江のもとを去り、太湖の費保らのもとに行った。李俊らはその後、シャムに渡り、李俊はシャムの王となった。

　宋江らは凱旋したが、開封に戻ったのは二十七人だった。宋江、盧俊義、呉用、関勝、呼延灼、花栄、柴進、李応、朱仝、戴宗、李逵、阮小七には官位が授けられ、それぞれが地方の司令官、将軍として赴任することとなった。

　宋江は田虎との戦いで助けてくれた土地神と、方臘との戦いで助けてくれた龍神の廟の建立を上申、また兵として従った者たちの処遇も上申した。徽宗皇帝は廟の建立をただちに命じ、兵たちは軍に残る者は褒賞の銭を与え昇進させ、軍を去って故郷に帰る者にも相応の銭を与えた。

宋江は宋清とともに鄆城へ帰り、九天玄女の廟に参拝した。宋清は村に残ることとなり、宋江は任地へと赴いた。

「ノート48」出世

落語で「どうか出世をするような災難にあいたくない」という科白が出て来る。

ずっとこれは笑うところだと思っていたし、この科白で客席はおおいに笑うのであるが、はたしてこれは冗談なのであろうか。実は「どうか出世をするような災難にあいたくない」というのは落語の登場人物にとっては本音以外の何ものでもないのだ。

この落語の登場人物は職人である。職人にとっての出世は、棟梁になることだが、棟梁というのは職人組織の頭であると同時に、職人たちを使って仕事をする、使用者とか管理者に当たる。ようするに仕事の主体が職人業からマネージメントになるということだ。

職人で腕を頼りに稼ぐ者にとっては、営業したり煩雑な事務作業に追われる棟梁、すなわちマネージメント業に転じるような災難にはあいたくないというわけだ。

商人なら目的は金であるから、大きく稼ぐ地位に出世をするのは嬉しい。だが人によっては、大金を動かすよりも、フェイス・トゥ・フェイスで営業したりすることを得意とする者や、顧客にきめ細かなサービスを提供することに生き甲斐を感じる人もいる。

必ずしも出世が幸福とは言えないし、現代社会になると、世の中が複雑化し、もらえる報酬以上のストレスを抱えると、かえって「出世は災難」と思うようなこともあるかもしれない。

ただ、出世をすると、報酬が増え、部下も増え、大きな仕事が出来るようになり、さらには執務室がもらえたり、運転手がついたり、報酬だけでなく使える歳費も大きくなったり、何より、他人が、「よぅ、部長」だのとおだててくれたりする。

手柄というか、会社、組織に貢献が認められて、相応の地位を得るというのは、決して悪いことではないのかもしれない。しかし、自分の生き甲斐のために、あえて出世を選ばないという道も、現代ではあるのかもしれない。

百二十——徽宗皇帝、梁山泊に遊ぶ

戴宗が宋江を訪ねて来る。戴宗は官を辞し、泰山で出家すると言う。

阮小七は王将軍の恨みを買い、童貫、蔡京らが工作し、とうとう官位を剝奪されてしまった。阮小七は「むしろせいせいした」と言い、石碣村に帰った。

柴進も滄州へ帰った。李応も柴進が官を辞したと聞き、杜興とともに独龍岡に帰った。

関勝は北京大名府、呼延灼は近衛軍、朱仝は保定府《ほていふ》の将軍となった。

そして、宋江は楚州《そしゅう》、盧俊義は盧州《ろしゅう》の司令官、花栄は応天府《おうてんふ》、李逵は潤州、呉用は武勝軍《ぶしょうぐん》の将軍となり赴任した。

孫立は登州、黄信は青州で軍務に戻り、孫新、顧大嫂は登州で居酒屋、鄒潤も登州で庶民となった。蔡慶は関勝の部下として北京大名府に赴任、裴宣と楊林は飲馬川で隠棲、蔣敬は故郷へ帰り商人となった。朱武と樊瑞は公孫勝を訪ねて弟子入りした。穆春は掲陽鎮へ戻った。凌振は火薬局の局長、安道全は金紫の医官、皇甫端は皇帝の馬係の長官、金大堅は印鑑局の局長として任官、蕭譲は塾の教師、楽和は開封で音曲師としてのどかな暮らしをして過ごした。

さんざん梁山泊にしてやられ、おもしろくないのは、蔡京、童貫、高俅、楊戩の奸臣たち、宋江と盧俊義だけでもやっつけちまおうと、まず、盧州に赴任した盧俊義が謀叛を起こそうとしているという噂を流す。盧俊義を弁明に開封に呼ぶ。勿論、ただの噂なので、罪はない。蔡京は皇帝に、盧俊義を手なずけるために御酒を下賜されるよう言上、皇帝は盧俊義に酒をふるまい、楚州の宋江にも酒を贈る。しかし、蔡京らはこの酒に水銀を混ぜていた。盧俊義は盧州に帰る船の中で気分が悪くなり、外の空気に当たろうとした時に足をすべらせて川に落ちて溺死した。盧俊義は泳ぎが苦手だったので誰も不審には思わなかった。

楚州の宋江にも酒が贈られた。飲んだ宋江は一服盛られたと知った。宋江はすぐに李逵を呼び、李逵にも毒酒を飲ませた。自分が毒殺されたと知ったら李逵は叛乱を起こす、そうなれば百八人の名誉が傷つくからだ。宋江は李逵が毒酒を飲んでから、すべてを告げて詫びる。李逵は「兄貴に殺されるなら本望。あの世でもお供いたします」と言って帰ってゆく。宋江は蓼児《りょうじ》洼《わ》という梁山泊に似た景色の場所を見つけ「死んだらここに葬って欲しい」と言う。宋江は死に、李逵も死んだ。宋江と李逵は蓼児洼に葬られた。

しばらくして、呉用と花栄が訪ねて来た。呉用と花栄は宋江の死を知り、首を吊って死んだ。

徽宗皇帝は久々に李師師の屋敷へ出掛けた。そこへ戴宗が訪ねて来て、「宋江がお目に掛かりたいと申しております」と言う。戴宗に導かれるまま、徽宗皇帝が行くと、そこは山の上で宋江以下百八人が平伏していた。宋江はここが梁山泊であると告げ、自分たちの忠義は変わら

徽宗皇帝、夢で梁山泊に遊ぶ

ないと言う。徽宗皇帝はしばらく梁山泊を散歩すると、「忠義堂」という額の建物のところに来て目を覚ました。

翌日、徽宗皇帝は宿元景に宋江のことを調べさせると、宋江は死に、李逵、花栄、呉用もともに蓼児洼に眠っていることがわかった。蔡京、童貫、高俅、楊戩は毒殺を隠蔽してしまい罪に問われることはなかった。徽宗皇帝は済州に碑を建て、百八人の義士を称えた。

〔ノート49〕革命的人事

軍隊に求められるのは、列を作って同じ速度で進むこと。それを統制と言う。統制のとれた軍隊は最強である。そのために訓練をし、個を否定した隊を作ってゆく。

政治なんかもそうで、個の信条なんてどうでもいい。「数」で法案を通せば、個人の思想信条なんかは関係ない。権力とはそうして築くものなのかもしれない。

数は力で権力は正義なのか。

物を作ったり、物や金を動かしたりして企業は成り立つのであるが、作るのも動かすのも「人」である。つまり、人をどう動かすかで成果が決まり、儲かったり損したりする。そして、最終的には何が目的かと言えば、「人の幸福」なんじゃないか。

株主も顧客も、勿論、従業員もその家族も、全部「人」なんだ。そして、人は皆、違う。組織が大きくなれば人の個性が無視される。何が目的か。それを見失っては、ホントの幸福にはなしえない。

組織を重視し個をないがしろにした時に、人の不満は起こる。不満が大きくなれば、個人の力のある者が叛徒となる。だが、革命軍が組織と戦うには、やはり革命軍も組織となってゆく。その過程で、どれだけ人の個を尊重出来るか、そういった人事の役割が革命的人事術のキーであろう。

あとがき

「水滸伝」は、中国は宋の時代、山東の梁山泊に百八人の豪傑が集まって、中国全土で暴れまわる物語。流石、中国だ。スケールが大きい。

ヒーローがチームを組んで力をあわせて戦う話はいろいろあるけれど、ゴ（五）レンジャー、六歌仙（これはちょっと違うか）、七人の侍、里見八犬士、真田十勇士……、リーダーがメンバーそれぞれの特技を活かした役割を分担させ、強大な敵に挑む。それが百八人だから「水滸伝」のスケールの大きさは計り知れない。いや、百八人は確かに凄いが、清水二十八人衆や赤穂四十七士とか、日本にもないわけではない。いや、清水二十八人衆や赤穂四十七士も個性的なキャラクターはいるが、これはもうただの軍隊である。そう、人数があるところを超えると、物語の個々のキャラクターは失われ、ただの兵士になる。

なのに「水滸伝」の百八星は、それこそ、末端の白勝や段景住まで、結構色濃く魅力的に描かれている。あまり活躍していない好漢も特徴がある。鄭天寿は色白のイケメンらしいし、鄒潤は頭に角のような瘤があるし、李雲には西洋人の血が混ざっていて酒が飲めない。さらには、戦闘員だけでない、情報担当の戴宗や、蕭譲、裴宣、蔣敬、金大堅ら事務系の特殊技能者たちがこの組織を支えているのである。

「水滸伝」前半は、史進、魯智深、林冲……、そして、武松、好漢たちの武勇譚が綴られる。それが出色の面白さである。元代に盛り場で語られた講談は、彼らの武勇譚だ。明代に小説にまとめられた。「水滸伝」中盤以降、宋江が入山したあたりから、組織の物語になる。祝家荘戦ではまだ梁山泊は軍隊として確立していないから、田舎の武装農民に手痛い思いをさせられる。だが、官軍との戦闘を経て、呼延灼、関勝ら官軍の将軍も仲間に加わり、梁山泊は軍事行動の出来る組織に変貌する。その組織を支えているのは、軍師の呉用をリーダーとする蕭譲、裴宣、蔣敬、金大堅ら事務系スタッフたちである。

「水滸伝」を最初に読んだのがいつだったかは忘れた。だが、読んだのは七十回本、すなわち百八人の好漢が梁山泊に集っておしまいである。そのあとの、組織VS組織として官軍と戦い、童貫や高俅をやっつけるのが面白いのではないか。そして、梁山泊は帰順し国家の軍隊となる。より組織として強固なものになる一方、無頼漢としての自由な活躍をすることはなく、悲劇的な最期を迎える。なんとしても百二十回本が読みたくなった。

百二十回本の後半は、物語としては面白くない。無駄に長い。だから、七十回本が多くの人に読まれた。だが、百回本、百二十回本は組織の物語が描かれる。確かに戦闘配置が延々語られるから退屈だったりもするが、遼討伐、田虎、王慶戦ではかなりの数の軍を動かし、そのために兵站を担う。食糧や武器の補給が戦闘にいかに重要かが描かれる。関勝、林冲、花栄、史進ら、主力戦闘員を兵站線の守備に就かせたりもする。そこに生じた隙をつかれたりもする。それが百二十回本の面白さでもある。

「水滸伝」は人員配置、人材育成、組織運営といった人事の基本が、多くの実例とともに描かれている。晁蓋を頭とする革命以前の小さな叛徒としての組織、そして、宋江が頭となる革命軍、さらにはより組織力が強化される国家の軍隊、それぞれの組織において人事はどうあるかが語られている。

筆者は人事の専門家ではないが、一九八〇年代後半~九〇年代前半にコピーライターをやっていたことがあり、人事関連システムのパンフレットなどの制作に関わっていた時期がある。まだ世の中に「リストラ」という言葉が流行する前だ（リストラが流行語になったのは九三年）。リストラが首切りでなく、本来の意味の再構築で使われていた。上杉鷹山などを例にリストラ（再構築）を奨励したりしていた。

その頃から「水滸伝」の世界には惹かれていて、九六年には梁山泊に行っている。今は黄河の上流にダムが出来て、黄河そのものが水が少なく、梁山泊の湖は今はなく、ただの小山がテーマパークになっている。

「水滸伝」は江戸時代から日本人にはよく読まれていた。「留守番は飯のありかと水滸伝」という川柳がある。留守番を頼む時は、食い物と「水滸伝」の読本《よみほん》を与えておけばいいという意味だ。退屈しのぎには「水滸伝」の読本が重宝した。幕末の絵師、歌川国芳は「通俗水滸伝豪傑百八人之一個」として、水滸伝の好漢の絵を描いた。史進、魯智深、張順は出色だが、朱貴、白勝、丁得孫なんかもカッコよく描かれている。張順、丁得孫は、百二十回本の方臘戦での最期のシーンが描かれているから、江戸時代も百二十回本が普通に読まれて人気があったのだろう。近年では、北方謙三らの二次創作も評判で、中国の話なのに、日本人にも親しみやすいのかもしれない。いや、豪傑譚に加えて、日本人は案外、組織の物語が好き、というのもあるのかもしれない。

本書は「水滸伝」の物語の面白さをダイジェストで楽しみながら、その時々の人事関連対応ノートを読んでいただくという趣向。もしも面白いと思ったら、「水滸伝」百二十回本、駒田信二訳が平凡社から出ていますので、是非ご一読くださいませ。留守番ではないが、正月休みとか、暇をもてあましそうな時には最適かもしれない。

執筆にあたり、平凡社、水野良美さんにはたいへんお世話になりました。読みやすく、ページ構成など工夫していただきました。ありがとうございます。

二〇一八年一月

稲田和浩

【著者】
稲田和浩（いなだ かずひろ）
1960年東京都生まれ。大衆芸能脚本家、演芸評論家、ライター。主に、落語、講談、浪曲などの脚本、喜劇などの脚本、演出を手掛ける。著書に『食べる落語』（教育評論社）、『浪曲論』（彩流社）、『にっぽん芸能史』（映人社）、『落語に学ぶ大人の極意』（平凡社新書）などがある。

平　凡　社　新　書　８　７　３

水滸伝に学ぶ組織のオキテ

発行日——2018年4月13日　初版第1刷

著者———稲田和浩
発行者——下中美都
発行所——株式会社平凡社
東京都千代田区神田神保町3-29　〒101-0051
電話　東京（03）3230-6580［編集］
　　　東京（03）3230-6573［営業］
振替　00180-0-29639
印刷・製本—株式会社東京印書館
装幀———菊地信義

ISBN978-4-582-85873-0
NDC分類番号923.5　新書判（17.2cm）　総ページ296
平凡社ホームページ　http://www.heibonsha.co.jp/